독서, 심리학을 만나다

- 인공지능 시대의 세상 읽기 -

지금은 대학생이 된 나의 첫째 딸 빛고운이는 어린 시절 미국에서 자랐고 책을 좋아하는 아이였다. 한국에 돌아와서도 제 나이에 소화하기 어려운 책을 읽고, 책의 내용에 대하여 통찰력 있게 질문을 하곤 했다. 게다가 마음이 착해서 사람들을 잘 도와주었고, 그런 빛고운이를 사람들은 천사처럼 착한 아이라고 예뻐했다.

그러나 초등학교 3학년 때 아이들로부터 괴롭힘을 당하는 일이 생겼다. 빛고운이는 그 아이들과 잘 지내기 위해 자신이 늘 하던 방식대로 더 양보하고 더 잘 대해 주었다. 그런데도 문제가 해결이 되지 않자 고통을 피하기 위해 책으로 도피하게 되었고, 문제를 회피하기 위해 택한 길이었기 때문에 빛고운이의 독서 능력이 친구들과의 관계를 개선하는 데는 별 도움이 되지 못했다.

책은 마음의 양식이라고 한다. 그 말대로라면 독서를 많이 한 빛고운이의 마음이 건강하게 채워져서 친구들과 관계를 잘 맺고 또한 세상을 헤쳐 나갈 힘도 생겨야 했다. 그렇지 않다면 빛고운이가 독서에서 얻어야 할 중요한 것을 놓치고 있었거나 애초부터 책은 마음의 양식이 아니었을지도 모른다. 나는 빛고운이를 돕고 싶은 마음으로 사람의 마음이 책의 내용에 대해서 어떻게 작동하는지, 책이 과연 마음의 양식이 될 수 있는지에 대해 연구하게 되었다.

빛고운이는 자기만의 독서 패턴을 형성하여 책을 읽고 있었다. 빛고운이의 독서 패턴은 자신이 처한 환경에 적응하기 위하여 최선을 다한 결과로써 습득한 세상을 읽는 방식이었는데 무의식적으로 그 방식에 맞춰 정보를 편집하여 받아들이고 있었다. 그러한 방식은 처한 환경 내에서 고통과 에너지의 손실을 최소화하도록 도움을 주었다. 하지만 상황의 변화에 따라 다르게 해석해야 하는 유연함을 잃게 만들었다. 따라서 빛고운이는 자기가 보는 것 이외의 다른 것은 볼 수가 없었다. 빛고운이는 해석 능력을 확장하기 위하여 단순히 책만 많이 읽는 행동을 멈추고, 자신의 독서 패턴이 어떻게 형성되어 왔는지 파악하고 확장하는 노력을 하게 되었다.

나는 빛고운이가 어떤 독서 패턴을 선택하여 살아가고 있는지, 그러한 패턴을 형성하게 된 원인이 무엇인지, 그 패턴의 건강한 면과 왜곡된 면이 무엇인지 그리고 그 패턴을 치유하고 확장하기 위해서는 무엇을 어떻게 해야 하는지 알려 주며 함께하였다.

현대의 독서는 과도한 지식 추구로 심한 몸살을 앓고 있다. 현대인들이 지식을 추구하게 된 이유는 서구 중세 시대의 주관적이고 종교적인 해석이 일으킨 혼돈을 극복하고 이성적인 사람이 되려는 열망 때문이었다. 사람들은 세상을 객관적이고 합리적으로 설명하는 지식에 굶주려 있었다. 굶주린 사람은 먹을 것만 찾게 되는 것처럼 현대인들은 지식에 몰두했다. 지식 덕분에 세상은 꽤 질서 정연하게 정리되었다. 하지만 지식으로 대표되는 객관성과 합리성은 인간 개개인의 독특함과 개성을 없애고 삶을 질식시켰다.

나는 사람들이 평가에 질식당하지 않고 자유로운 사색가가 되기를 바라며, 그것을 가능하게 만들어 주는 새로운 독서가 필요하다고 믿는다. 특히 인공지능 시대의 독서의 핵심은 새로운 시대의 현상을 해석할 언어와 사고 능력을 얻는 것이다. 효율과 성장을 추구하던 사회가 성숙을 추구하는 사회로 바뀌었고, 모든 사람이 하나의 목표를 향하여 일사분란하게 움직여야 했던 시대에서 각자 자신의 길을 걷는 시대로 변하고 있다. 각자 자신의 길을 찾기 위해서는 하나의 정답만을 찾아 맞추려는 사고에서 벗어나 모든 것이 답이 될 수 있는 레고형 사고로의 변화가 필요하다. 이 책은 새로운 시대를 읽을 수 있는 언어와 사고 능력을 제공해 주어 자신의 길을 찾아갈 수 있도록 안내한다.

독서에 대해 연구하면서 나는 일찌감치 인공지능 시대의 독서에서는 '무의식 읽기'가 독서의 큰 부분을 차지하게 될 것을 예측할 수 있었다. 빛고운이가 친구들과의 갈등으로 분노, 공포 그리고 두려움과 같은 감정에 압도되어 생각과 몸이 얼어붙어 꼼짝 못하는 상황에서는 제아무리 좋은 방법이나 책을 알려 줘도 소용이 없었다. 그럴 때는 빛고운이의 생각과 행동을 통제하는 무의식에 들어 있는 과거의 경험들을 다루어 주어야 해결이 되고는 했다.

기존의 독서에서는 무의식이 독서의 대상이 아니었다. 무의식은 심리학자만이 탐색할 수 있는 영역이었고, 전문적인 훈련을 받지 않은 일반 사람들은 접근할 수 없는 미지의 영역이었다. 다행히 심리학과 IT기술의 발달 덕분에 누구든 조금만 신경써서 배우면 무의식에 저장되어 있는 진실을 빠르게 찾아내어 다루는 능력을 얻을 수 있다.

무의식을 상담 영역에서 다루어야 할 것으로 미뤄둔 채 책만 읽어서는 독서에 성공할 수 없다. 무의식 읽기가 독서의 일부로 통합되어 일반인도 일정한 훈련을 통해 무의식을 다룰 수 있게 될 때 독서가 진정으로 마음의 양식을 채우는 활동이 된다. 무의식을 다루지 않는 독서는 혼자만의 정신적인 활동이 될 위험이 있고, 지식을 많이 습득했다고 하더라도 삶의 변화로 이어지지 않는다. 일찍이 프로이트는 "인간의 욕망과 진실의 80% 가량이 무의식에 들어있다."고 말했다. 인간이 진정으로 자기를 찾으려고 한다면 무의식에 숨어 있는 자신에 대한 진실을 탐색해야만 한다.

한편 지금까지 독서의 초점은 책을 최대한 많이 읽는 것에 있었다. 그 이유는 독서를 시작하는 초기에 과연 독서에 성공할 수 있는지를 미리 알 수 있는 방법이 없었기 때문이다. 사람들은 일단 다독이든 정독이든 그것이 실제로 얼마나 도움이 되는지의 여부도 모르는 채, 어쩌면 운명적으로 무조건 열심히 읽어야 했다. 그런데 문제는 책을 무조건 많이 읽는 방법이 어떤 사람에게는 통하는데 어떤 사람에게는 통하지 않는다는 것이었다.

그러나 이제는 그런 고민을 하지 않아도 된다. 독서에 새로운 길이 열렸기 때문이다. 누구든 자신의 독서 패턴을 알고 독서를 하면 독서에 성공할 수 있다. 독서의 핵심은 책을 통한 지식 자체가 아니라 책 내용에 대해서 몸 안에서 일어나는 교감과 반응이다. 사람들은 독서를 생각하면 자연스럽게 책 읽기 활동을 떠올리지만, 사실은 각자의 몸 안의 에너지가 읽은 내용에 대해서 어떤 방식으로 작용하는지를 이해하는 것이 더 중요하다. 에너지가 어떤 방식으로 흐르고 있는가에 따라 책 내용을 받아들이는 방식이 결정되기 때문이다.

이 책은 독자들로 하여금 자신의 마음이 작용하는 방식, 즉 자신의 독서 패턴에 대해서 이해할 수 있도록 돕고 나아가 독서 패턴의 확장을 통해 성공적인 독서 활동을 하도록 안내한다. 이 책을 통해 인공지능 시대의 독서가 기존의 독서와 어떻게 다른지 이해하게 될 것이며, 새로운 독서를 진행하는데 필요한 이론과 실천 방법들을 접하게 될 것이다. 아무쪼록 독자들이 이 책을 읽으면서 위로와 용기를 얻을 뿐 아니라 자신에게 맞는 독서 방법을 찾아 꿈을 실현하게 되기를 기도한다. 이 책을 통해 자신과 세상을 읽는 힘이 생기면 누구나 자유로움을 회복할 뿐 아니라 균형을 찾아가는 삶을 살 수 있게 될 것이다.

이 책은 많은 분들의 도움과 지혜가 더해져 만들어졌다. 임상심리 전문가이자 수원시 여성 전문 기관 휴의 상담실장으로 활동하는 아내의 따뜻하고 섬세한 조언이 이 책의 곳곳에 들어가 있다. 두 딸 빛고운이와 율리는 심리학자였던 나에게 독서에 관심을 가지고 연구하도록 동기와 영감을 불어넣어 주었고 이 책에 소개된 이론과 방법의 모델이 되어 주었다.

그리고 오랜 기간 아낌없는 조언으로 함께해 준 균형심리학 연구소 및 균형심리 독서 연구소의 전문 연구원 김향숙, 배우나, 김은영, 조순

심, 공현주, 이은숙, 황수정, 강수연 님께 진심으로 고마운 마음을 전한다. 전문 연구원들은 이 책의 내용을 자신과 아이들의 독서 교육에 적용하여 변화를 경험하였고, 그러한 경험들이 독자들에게 쉽게 전달될 수 있도록 원고를 수십 번을 읽고 토론하고 수정하는 수고를 아끼지 않았다.

사람들의 마음에 새로운 시대를 읽을 수 있는 독서의 씨앗을 뿌리며

2018년 봄, 남상철

차 례

들어가는 말

1부 인공지능 시대의 새로운 독서

2부 독서, 심리학을 만나다

3부 세상을 읽는 네 가지 방식

4부 균형심리 독서를 잘하는 방법

1 인공지능 시대의 새로운 독서

1장

인공지능 시대, 새로운 독서가 필요하다

"과거에는 인류가 책을 통해 지식과 정보를 얻었지만, 이제는 책과 경쟁하는 17 가지의 정보 전달 방식들이 존재하기 때문에 독서와 교육의 개념이 바뀌어야 한다."

- 토마스 프레이(Thomas Frey)

책을 벗어난 독서

인간의 지성을 대신하는 인공지능

인간의 지성을 대신하는 인공지능의 출현은 '지식을 전수해 주는 기능'을 하는 책의 역할에 근본적인 변화를 일으키고 있다. 그 이유는 다른 사람보다 더 빨리 그리고 더 많이 지식을 습득하여 높은 점수와 좋은 직업을 얻었던 기존 시스템이 인공지능에 의해 붕괴되고 있기 때문이다. 지적 능력에 기반을 둔 직업일수록 인공지능으로 대체되기가 더 쉽다.

인공지능은 "인간만이 세상에 대해서 정확하게 해석하는 능력을 가지고 있다."는 환상을 여지없이 깨뜨렸다. 김대식 교수는 그의 저서 『인간 vs 기계 : 인공지능이란 무엇인가』를 통해 "이세돌과의 바둑 대국에서 승리한 알파고가 인간에게 몰고 온 가장 큰 충격은 인간이 이 세상의 유일한 지적 존재라는 환상을 깨뜨린 것"이라고 말했다. 이제 이슈는 인공지능이 과연 인간을 얼마나 앞서게 될 것인가인데, 아무도 그것을 예측조차 할 수 없다.

최근 구글이 개발한 알파고 제로는 데이터를 넣어주지 않은 백지 상태에서 단 사흘 만에 바둑을 스스로 독파하여 전 단계의 알파고를 이겼다. 김대식 교수는 "인간의 신경 세포망이 겨우 15층 수준인데, 알파고가 48층 높이의 인공 신경망으로 이루어져 있고, 2015년에 개발된 인공 신경망은 152층까지 이르렀으며 앞으로도 계속 증가할 것"이라고 말했다. 층수가 높을수록 추상화된 정보를 더 잘 표현하는 인공지능의 정보력과 해석 능력은 인간이 상상할 수 없을 만큼 뛰어나다.

앞으로는 지식을 많이 습득하는 독서 시스템이 붕괴되고, 사람들 각자의 해석을 파악하여 차이나는 부분을 통합하고 문제를 해결하는 능력을 키우는 새로운 독서 시스템이 탄생할 것이다.

책을 벗어난 독서의 징후들

현대인들의 독서량이 하루에 채 30분이 되지 않는다고 하면서 이 때문에 독서의 위기가 왔다고 걱정하는 목소리가 크다. 그러나 사람들이 걱정하는 것은 어쩌면 독서를 책 읽기만으로 한정지었을 때의 위기를 의미하는 것일지도 모른다. 인류 역사상 문명의 풍요로움을 가장 많이 경험한 현대인들은 그 풍요에 만족하지 못하고 더 많은 것을 원한다. 포털 검색창에서 영화, 드라마, 사람, 음식, 음악 및 사건에 대한 검색어가 상위를 차지하는 것은, 사람들이 그만큼 삶에 대해 관심이 있으며 삶의 의미를 간절하게 찾고 있다는 반증이다. 실제로 사람들의 지적 호기심의 크기를 보여 주는 정보 검색과 정보 노출의 양을 놓고 보면 현대인들이 과거 그 어느 시대보다 더 열심히 세상을 읽고 있다는 것을 알 수 있다.

21세기 인공지능 시대의 독서가 책을 벗어나고 있는 징후들은 최소한 다음의 몇 가지 영역에서 감지되고 있다.

• 독서의 대상이 달라지고 있다

"현재 우리 아이들이 학교에서 배우는 것의 90%가 성인이 되면 쓸모 없어질 것이다. 산업 혁명으로 촉발된 경제 체제의 변화를 기존 농업 시대의 이데올로기로는 극복할 길이 없어 사회주의 같은 새로운 이데올로기가 출현한 것처럼, 인공지능 혁명으로 양산될 무노동 계급 등의 문제를 해결하려면 완전히 새로운 이데올로기와 모델들이 필요하다...... 21세기를 지배할 종교는 실리콘밸리에서 나올 것이고, 그 새로운 종교는 '데이터 종교'가 될 것이다."

- 유발 하라리(Yuval Noah Harari), 『사피엔스』

유발 하라리[1]는 세상에 전대미문의 혁명적인 변화가 일어날 것이라고 주장한다. 그동안은 전문가들이 중요하다고 정해 놓은 지식과 정

---

1 히브리대 역사학과 교수

보를 사람들이 받아들여 습득하는 제한적인 독서를 해 왔지만, 다가올 미래에는 세상의 빠른 변화가 자신에게 어떤 의미가 있는 것인지 스스로 읽어 내야 하기 때문에 인간의 모든 활동들이 독서의 대상이 될 것이다.

그리고 무엇보다도 정보 전달 수단의 변화로 새롭게 독서의 대상으로 부상하고 있는 것들이 많다. 구글이 선정한 세계 최고 미래학자 토마스 프레이는 "과거에는 인류가 책을 통해 지식과 정보를 얻었지만 이제는 책과 경쟁하는 17가지의 정보 전달 방식들이 존재하기 때문에 독서와 교육의 개념이 바뀌어야 한다."고 말했다. 그가 언급한 17가지 정보 전달 수단은 게임, 디지털 북, 오디오 북, 신문, 잡지, 음악, 사진, 비디오, TV, 영화, 라디오, 블로그, 팟케스트, 앱, 프리젠테이션, 강의, 네트워크 등이다. 놀랍게도 이들 중 대부분은 과거에는 독서의 대상으로 여기지 않았던 것들이다.

종이 책이나, 지식을 읽는 행위가 없어지지는 않겠지만 이제 종이 책이 번성했던 예전으로 다시 돌아가지는 않을 것이다. 책은 지식에 목말랐던 현대인들에게 이루고 싶은 꿈으로 안내하는 상징이었기 때문에, 책을 손에서 놓는다는 것은 꿈을 포기하는 것이나 다름없었다. 그런 시각으로 스마트폰과 전자기기를 들고 있는 사람들의 모습을 보면 당연히 우려할 수밖에 없는 것도 사실이다. 그러나 독서의 영역을 책 읽기에서 세상 읽기로 넓혀서 바라보면 그렇게 걱정할 일이 아닐지도 모른다.

시대가 바뀌면 독서의 대상과 방법이 바뀌고, 이에 따라 사람들의 세상을 바라보는 시각도 바뀐다. 조선 시대에는 유교 경전을 통하여 유교적인 시각으로 세상을 해석했고, 일제 강점기에는 일본 제국주의적인 시각으로 역사와 문학을 읽는 경우가 있었으며, 산업화 시대에 들어와서는 풍부하고도 다양한 많은 지식을 통해 세상을 해석했다. 지금은 또 다른 독서혁명이 빠르게 진행되고 있는데, IT기술과 인공지능이 인간을 대신하여 데이터를 처리하게 되면서 지식 습득이 독서의 중심에서 밀려나고 있는 것이다.

'인간의 모든 활동이 곧 독서'가 된다는 새로운 프레임을 받아들인다면, 인간은 과거 그 어느 때보다도 폭발적으로 독서를 하고 있음을 깨닫게 된다. 21세기 인공지능 시대의 독서는 우리의 의식을 통제해왔던 '독서는 책 읽기'라는 관념에서 벗어나는 것에서 출발한다.

• 독서의 영역이 확장되고 있다

지금의 아이들은 문자보다 자신을 좀 더 솔직하고 개방적으로 표현할 수 있는 이미지 문화에 익숙함을 느낀다. 10대와 20대는 네이버보다 유튜브를 더 많이 보고 있으며, 발 빠른 기업들은 벌써 이미지 문화를 사업화하고 교육에 적용시키려고 하는데, 부모들만 더디 받아들이고 있는지도 모른다. 아이들은 과학 기술의 도움으로 이미 가상의 세계를 넘나들고 있고 그 길을 차단하는 것은 불가능해 보인다. 문자는 이제 사운드와 이미지의 관계 속에서 재해석되어야 한다.

IT기술과 심리학이 발달하면서 비정형 데이터(이메일, SNS, 페이스북, 카페 글 등)와 무의식이 새롭게 독서 영역에 추가되었으며, 독서에서 그동안 다루지 않았던 이미지, 비인지, 감성, 느낌도 독서의 대상이 되었다.

특히 삶에 큰 영향을 끼치는 개인의 경험도 독서의 영역에 들어왔기 때문에 진정한 자아를 발견하고 의미 있는 독서를 하고자 하는 사람들은 경험을 읽어야 한다. 사람들은 인공지능의 도움을 받아 지식을 찾고 습득하는 데 시간을 아끼는 대신, 더 많은 시간을 자신의 내면에서 일어나는 반응을 정리하여 소통하고 건강하게 판단하는 활동에 집중해야 한다.

게임도 독서의 영역으로 들어왔다. 어느 소설가는 리얼리티를 기반으로 하는 소설만 쓸 때는 얻을 수 없는 즐거움을, 게임의 스토리 작가로 참여하며 발견할 수 있었다고 언급했다. 게이머들은 게임의 캐릭터들과 진심으로 교감하고 감정을 나누며 열심히 살아가는 모습을 보이기도 하는데, 가상의 세계가 그들에게는 현실의 세계가 되어있는 것이다. 게이머들은 그 게임의 세계에 들이는 자신의 시간과 노력을 통해 세상과 소통하는 즐거움을 느낀다. 게임이 새로운 미래를 열어갈 잠재력을 가진 예술이 되고 있다. 그러므로 아이들이 책을 안 읽고 게임을 하면 독서를 하지 않는 것으로 보았던 기존 세대의 시각이 변해야 한다.

비정형 데이터부터 게임에 이르기까지 독서의 영역에 새로 편입된 것들은 글자를 읽을 때 사용하던 독서법으로는 해석이 안 된다. 따라

서 이러한 것들 모두를 읽고 해석할 수 있는 새로운 독서법을 찾아야
한다.

• 독서의 내용과 방법이 달라지고 있다

사람들은 오늘도 열심히 세상을 읽고 있다. 그러나 세상이 어떻게
바뀌게 될 지 그리고 세상을 어떤 눈으로 읽어야 할 지 몰라 혼란스러
워한다. 그 혼란스러움에서 빠져나오고 싶어서 전문가들에게 조언을
들으려 하지만 그들도 어떻게 미래를 대비해야 할지 모른다. 이제는
전문가들이 제시한 정답을 그대로 믿고 따라가는 사람이 점점 줄어들
고 있다.

그동안 독서는 권위자가 읽어야 할 내용과 정답을 제시하면 독자가
그것을 이해하고 받아들이는 수동적인 활동이 대부분이었다. 독자는
책 내용을 자의적으로 해석해서는 안 되었다. 최근 들어 다양한 방식
으로 책 읽기를 시도하고 있어서 무조건 암기만 하게 했던 과거와 비
교하면 많이 달라졌다. 하지만 그 또한 인지 독서의 범위 내에서 이루
어지는 독서 활동이라는 점에서는 과거와 크게 달라지지 않았다.

미래의 독서 활동은 개인의 삶을 현미경으로 생생하게 확대하여 들
여다보듯이 정확하게 해석함으로써 삶의 다양한 영역에서 자신의 필
요를 채우는 독서 활동을 하게 될 것이다. 해석의 권한도 지식인으로
부터 개인으로 넘어가고 있다. 자신만의 고유한 인생을 살아가기를 원

하는 사람은 해석의 권한이 개인에게 넘어와 있다는 사실을 받아들여야 한다. 다른 사람들의 말을 참고하는 것도 중요하지만 자기 스스로 건강하게 해석하고 답을 찾을 수 있어야 한다.

이제 인간의 지적 능력을 중요하게 여겼던 시대가 저물고, 관계 속에서 신뢰를 형성하는 능력을 중요하게 여기는 시대가 활짝 열렸다. 독서도 지적 능력의 요소인 지식, 기술 그리고 사고력의 확장을 추구하던 것에서 '관계적 의미'를 다루는 쪽으로 방향을 전환하고 있다. 관계적 의미를 다룬다는 것은 하나의 해석 또는 정답만을 추구하던 독서 방식에서 벗어나, 한 사람 한 사람이 개별적으로 정하는 의미를 파악하고 그로 인하여 발생하는 충돌을 조율하고 확장하여 더 큰 의미로 통합해 가는 것을 의미한다.

미래의 독서는 일상을 텍스트로 삼아 자신의 정신적, 정서적, 사회적 균형의 회복에 필요한 것에 대해서 서로 이야기하고, 해석하고, 조율하며 의미를 확장해 나가는 방향으로 가게 될 것이다. 그런 점에서 미래의 독서는 거시적 책 읽기에서 미시적 책 읽기로, 저자가 제시하는 정답 받아들이기에서 개인이 자기 자신에게 필요한 정답을 스스로 찾는 활동 중심으로 바뀔 것이다. 즉 독서가 단순히 정답을 제시하는 것이 아니라, 보이지 않는 것을 보게 하고, 다르게 볼 수 있도록 촉진적인 역할을 하게 된다.

21세기 독서는 어떻게 달라질까?

현대 문명의 기반인 지식 독서는 크게 '지식과 정보의 전달 수단', '시공을 초월한 타인과의 만남을 주선하는 매개체' 그리고 '마음의 양식'이라는 세 가지 역할을 담당해 왔다. 그런데 이 세 가지 역할 모두 인터넷, 인공지능 및 심리학의 발달에 의해 도전받고 있다.

과거에는 책이 지식과 정보를 습득할 수 있는 유일한 수단이었다. 하지만 지금은 책보다 더 편리한 스마트폰, 컴퓨터, 태블릿, 가상 현실, 증강 현실 그리고 홀로그램과 같은 디지털 수단을 통해 편리하게 정보를 주고받을 수 있게 되었다. 인공지능은 더 이상 사람에게 배우지 않고 사람이 모르는 영역의 지식을 스스로 축적하고 있다. 사람들은 책을 읽지 않아도 인공지능이 제공하는 정보를 바탕으로 자신의 필요와 상황에 맞게 해결책을 선택하면 되는 시대를 맞이하고 있는 것이다.

인공지능의 지식 생산 속도가 빠르고 데이터의 양이 방대해서 인간이 그 속도를 따라잡으며 배우는 것이 불가능하다. 하지만 인공지능이 정보 습득, 지식 축적, 해석, 판단 등의 인지적인 영역에서 인간이 하던 일을 대신함으로써, 지식이나 정보 습득 등을 위한 노동으로부터 인간을 자유롭게 만들어 준다. 그러므로 이제는 하나라도 더 배워야 한다고 말했던 시대는 끝났다. 배우는 것은 인공지능이 하고, 읽고 판단하는 것은 인간이 하는 협업에 익숙해져야 할 것이다.

만남의 매개체 및 마음의 양식으로서의 독서도 그 역할의 한계가 뚜렷이 드러나고 있다. 우리는 그동안 책을 읽으면 저절로 저자와 만나고 저자의 지혜를 전수받을 수 있을 것이라고 생각했다. 그러나 실제로는 저자와 독자 사이에 존재하는 시간과 공간의 괴리 때문에, 독자가 자기 방식대로 저자를 만나고 저자의 작품을 독자 마음대로 해석하는 시도를 막을 방법이 없었다. 그리고 과거에는 책이 마음의 수양에 필요한 정보를 제공하는 거의 유일한 수단이었다. 책을 통하여 마음을 수양하는 경우가 있었지만, 그것은 많은 경우 개인적인 의식 확장 측면의 수단에 머물고, 실제로 사람의 마음을 변화시키거나 사람들과의 관계를 건강하게 변화시키는데 큰 영향을 주지는 못했다.

인공지능 시대를 살아가는 인간의 삶과 역할을 재정의하기 위해서는 독서의 의미와 역할을 재정의해야 한다. 그리고 그렇게 하려면 기존의 독서가 해결하지 못한 치명적인 문제 하나를 꼭 다루어야 하는데, 그것은 바로 독서가 '똑똑하지만 악한' 인간의 출현을 막지 못했다는 점이다. 사람들은 독서를 통해 건강한 인간이 되기를 바랐지만 사실 자신의 성공을 위해 자신도 모르게 독서를 이용한 경우가 무수히 많다.

히틀러(Adolf Hitler)는 정치, 군사, 예술, 고전, 성경을 비롯해 점성술이나 심령술 등 거의 모든 분야의 책을 섭렵하면서 자신의 모든 행동을 정당화시키는데 필요한 이론적 기반을 닦았으며, 그의 책 『나의 투쟁』에서 나름의 독서론을 펼치기도 했다. 그는 전쟁 개시를 놓고 고민할 때 막스 리델(Maximilian Riedel)이 지은 『세계의 법칙(Law of the World)』을 읽었다. 리델은 "인간에게는 오감이 아닌 7개의 지각 능력이 있으며, 오감에만 얽매여 있는 인간의 경험은 노예가 되어 새롭고 거대한 일을 결코 시도할 수 없다."고 주장했다. 히틀러는 역사를 바꾸는 사람이 되기 위해서는 평범한 인간들의 합리적 사고를 뛰어넘는 결단이 필요하다는 리델의 주장을 받아들여 전쟁 개시를 선포했다. 그는 독서를 통해 뛰어난 지적 능력과 명석함을 얻었지만 동시에 독서를 자신의 왜곡된 욕망을 채우는 도구로 사용하여 수많은 사람들을 살해하는 악행을 저질렀다.

사람들은 이와 같이 독서를 자신의 왜곡된 행동과 목표를 정당화하는 근거를 얻는 수단으로 활용하기도 한다. 그러나 성공을 위해 무조건 많이 읽고, 자신의 의식 수준을 높이고, 자신의 이익만을 채우려는 이기적인 독서는 효력을 상실했다. 그런 독서는 필연적으로 자신의 유익을 위해 다른 사람의 희생을 강요하는 '똑똑하지만 악한' 인간을 만들어 내기 때문이다.

그러므로 21세기 독서는 자아실현을 추구하되 타인과의 공존을 소중하게 여기도록 안내해야 하는데, 그것을 위해서 최소한 아래에 제시된 세 가지 문제를 고민해야 한다.

첫째, 같은 책을 읽고 어떤 사람은 감동과 도움을 얻어 긍정적인 변화를 경험하지만 어떤 사람은 그렇지 않다. 그 이유는 무엇이며 어떻게 해결해야 하는가?

둘째, 사람들은 최고의 독서가가 되기를 꿈꾼다. 그러나 히틀러, 마오쩌뚱, 스탈린은 최고의 독서가였지만 독서를 악하게 사용했다. 그렇다면 독서를 통해 마음이 따뜻하고 건강한 지성인이 되는 방법은 무엇인가?

셋째, 사람들은 이전에 비해 지적으로 뛰어나지만 세상을 꿰뚫어 보는 힘이 더 약해졌고, 갈등과 차이를 조율할 힘이 없어서 건강하게 공생하지 못한다. 독서가 지식 공유의 기능을 뛰어 넘어 진정한 만남으로 나아가는데 기여하는 방법은 무엇일까?

인류는 그동안 문자와 지식 중심의 독서에 집중해 왔다. 덕분에 지식독서와 관련된 훌륭한 독서 기술과 수 많은 종류의 독서법이 개발되었다. 그러나 인간의 마음이 지식과 어떻게 상호 작용하는지에 대해서 충분히 이해하지 못했기 때문에 위의 문제들을 해결하지 못했다. 그러나 이제 뇌 과학과 심리학의 발달로 인간의 마음이 어떻게 작동하는지 그 원리를 알아내어 적용할 수 있게 되었으며, 그 덕분에 타인과의 공존을 통해 자신의 삶을 추구하는 새로운 차원의 독서를 할 수 있게 되었다는 점에서 21세기의 새로운 독서 시스템에 희망을 걸어본다.

2장

독서, 이제 세상을 읽자

"건강한 해석 능력을 얻으려면 지식과 정보를 많이 습득하는 책 중심의 독서에서 벗어나 문자, 나 자신 그리고 타인을 포함한 '세상'을 읽어야 한다."

- 본문 중에서

세상 읽기란 무엇인가

　우리는 끊임없이 세상을 읽으며 살아간다. 책, 자연현상, 사람, 동물, 관계, 음악, 사회 이슈 등 세상의 모든 것이 읽기의 대상이다. 사람들은 자연을 읽으며 계절의 변화를 알아차리고, 다른 사람의 표정을 읽으며 상황을 이해하기도 하며, 신문 기사를 읽으며 앞으로 어떻게 살아야 할 것인지에 대해 생각한다. 이처럼 나를 둘러싼 모든 것을 읽고 해석하고 상호 작용하는 것이 세상 읽기이다. 세상을 건강하게 잘 읽어야 행복한 인생을 살 수 있다.

　사실 독서는 원래 '세상 읽기'였다. 문자가 발명되기 전, 지구에 살았던 인류의 조상들은 해가 뜰 때부터 해가 질 때까지 세상을 읽으며 살았다. 독서의 범위가 책으로 좁혀진 것은 문자가 발명된 후부터였다. 『독서의 역사』를 저술한 알베르토 망구엘(Alberto Manguel)에 의하면 "아직 문자가 없었던 옛날에는 자연현상과 다른 사람들의 표정 읽기가 곧 독서였다."고 한다.

그런데 세상의 모든 현상과 이야기들이 책에 담기기 시작하자 책을 읽는 것이 독서의 전부인 것처럼 여기게 되었다. 책을 많이 읽으면 성공할 수 있다는 말이 정답처럼 되었으며, 책을 읽어 성공한 사람들의 사례가 헤아릴 수 없이 많이 제시되었다. 하지만 사람들이 정말 책을 많이 읽으면 성공할 수 있을까? 지금은 시대가 바뀌어 책을 많이 읽어도 미래가 보장이 안 되고, 좋은 스펙을 갖추고도 취업이 안 되는 상황이다. 또한 많은 지식을 습득했지만 그 지식을 자신의 유익만을 위해서 사용하는 이기적인 사람들을 흔히 볼 수 있다. 사람들은 지식의 홍수 속에서 부담을 느끼고, 끊임없이 밀려오는 정보들로 인해 갈피를 잡지 못하고 있다.

이제는 책과 더불어 세상을 읽어야 한다. 사람들이 세상을 읽어야 하는 이유는 전문가들이 제시하는 교과서적인 정답으로는 더 이상 개개인의 문제를 해결할 수 없기 때문이다. 이제 사람들은 자기 상황에 맞는 답을 스스로 찾아야 한다. 그렇게 하려면 자신의 삶에 맞는 지식과 정보를 건강하게 분별하고, 그러한 정보에 대해서 자신과 다른 사람이 어떻게 다르게 해석하는지 그 차이를 읽어냄으로써, 갈등을 조율하는 능력이 필요하다. 건강한 해석 능력을 얻으려면 지식과 정보를 많이 습득하는 책 중심의 독서에서 벗어나 문자, 나 자신 그리고 타인을 포함한 '세상'을 읽어야 한다.

책 읽기의 한계

그동안 독서는 '책을 읽고 지식을 습득하는 활동'이었다. 그러나 지식이 인간의 내면으로 들어와 어떻게 해석되는지에 대한 탐색 없이 무조건 읽고 받아들이다보니 삶과 분리된 지식 활동을 해야 했고, 심지어는 지식의 노예로 살기도 했다. 과거의 독서 활동이 삶과 분리된 지식 활동에 머물 수밖에 없었던 것은 그럴만한 이유가 있었다.

톰 니콜스(Tom Nichols)[2]는 『전문가와 강적들 - 나도 너만큼 알아』에서 사람들은 책을 읽거나 대화를 할 때 보통 자신이 믿는 바를 뒷받침해 주는 정보를 찾거나, 자신이 좋아하는 설명을 강화시켜 주는 사실만을 받아들인다고 하였다. 이런 경향은 정도의 차이는 있지만 모든 사람에게서 나타나는데 이것은 마치 일주일이 넘도록 물을 마시지 못해 고통을 당하고 있는 사람이 당연히 마실 것만 찾느라 다른 것에 신경쓸 겨를이 없는 것과 같은 것이다.

---

2 미 해군대학 교수

이런 현상은 심리적인 결핍을 가진 사람에게도 동일하게 나타난다. 가족 관계 속에서 상처를 받은 사람은 가족들의 행동이 자신에게 또 다시 상처를 줄 것인지를 미리 읽어 내려고 한다. 그리고 그런 일이 반복되면 이제 가족뿐 아니라 다른 사람들도 그럴 것이라고 생각하며 피해 의식과 불신 속에서 살아간다.

모든 사람에게는 결핍된 부분이 있기 때문에 사용 가능한 자원을 자신의 결핍을 채우는데 사용하려고 하는데, 이것은 자신도 모르는 사이에 내적인 균형을 찾고자 하는 본능적인 움직임이다. 독서도 마찬가지다. 사람들은 독서를 할 때, 많은 경우 지식을 자기 인생의 불균형을 해결하는 퍼즐 조각으로 사용한다. 따라서 사람들은 같은 책을 읽어도 감동받는 부분이 다르며, 설령 같은 장면에서 감동을 받았다고 하더라도 감동받는 이유가 다르다. 같은 텍스트가 사람들에게 각각 다른 의미로 다가오는 이유는 삶의 경험이 다르고, 개인의 욕구와 감정 그리고 필요가 다르기 때문이다.

연암 박지원은 모든 것이 과유불급이라고 하면서 독서만큼은 예외로 꼽았다. 즉, 독서는 아무리 많이 해도 지나치지 않다는 것이다. 이것은 흔히 독서를 많이 하면 성공할 수 있고, 행복해질 수 있다는 생각으로 연결되고 있다. 그러나 이와는 다른 연구 결과들이 나오고 있다. 나카무로 마키코(Nakamuro Makiko)교수는 『데이터가 뒤집은 공부의 진실』이라는 책을 통해 기존의 교육과 독서론의 상당 부분이 비과학적인 편견에 불과하다는 연구 결과를 내놓았다.

"자녀들을 모두 도쿄대에 보낸 사례는 일반적인 경우가 아니라 '예외 중의 예외'이다. 그런데 교육 분야에서는 이런 예외적인 사례일수록 오히려 주목받는 경우가 많다. 그런 특정 사례를 믿고 따르며 자녀를 양육하면 오히려 실패할 가능성이 크다."

- 나카무로 마키코[3] , 『데이터가 뒤집은 공부의 진실』

나카무로 마키코에 의하면 아이의 학력이 높아진 것은 독서를 많이 했기 때문이 아니라, 학력이 높은 아이가 독서를 많이 했기 때문일 가능성이 크다는 것이다. 그는 "독서가 중요한 것이 아니라 사람이 중요하다."는 아주 원론적인 진실을 다시 한 번 강조하였다. 즉 같은 책이라도 어떤 사람이 읽느냐에 따라 전혀 다른 결과를 가져올 수 있다는 것이다.

그가 밝혀낸 진실은 이전에도 여러 사람들에 의해 지속적으로 제기되었던 것이기도 하다. 독서의 성공적인 모델로 제시되었던 박지원, 뉴턴, 처칠, 에디슨 그리고 세인트 존스 대학의 성공이 실제로 독서 때문이었는가에 대한 논란이 끊이지 않았다. 또한 독서 자체가 중요하다고 여기는 경우 히틀러, 마오쩌뚱 그리고 스탈린과 같은 독서 천재들이 독서에 몰입했지만 자신의 그릇된 야망을 성취하기 위하여 독서를 이용한 것에 대해서는 어떻게 설명할 수 있을까?

이제는 무조건 책을 많이 읽고 깊이 읽으면 성공할 수 있으며 행복한 삶을 살 수 있다고 말하기 어렵게 되었다. 책 읽기는 앞으로도 독서

---

3   게이오주쿠 대학교 교수, 아베 수상 직속 '교육 재생 실행회'의 자문위원

의 중요한 일부분이겠지만 이제야말로 독서 본연의 목표와 역할을 찾
아야 할 때이다.

인간 중심의 독서

책을 열심히 읽는데도 효과가 나타나지 않아서 고민하는 사람은 자신의 마음이 독서에 어떤 영향을 끼치는지 질문해 보아야 한다. 사람들이 성공적인 독서의 열쇠를 '독서의 양'이라고 하지만, 진짜 열쇠는 '마음'이다.

세계적인 금융 투자가 조지 소로스(George Soros)[4]는 단순히 지식을 얻기 위해 독서를 하지 않았다. 그는 인류가 고통받는 이유가 과연 무엇인지 고민하였고, 그것을 해결하기 위해 세상을 읽는 과정에서 변화를 경험하게 되었다. 헝가리에서 태어난 조지 소로스는 어린 시절 전쟁에 참여한 아버지를 기다리는 불안한 삶을 살아야 했고, 독일이 침공했을 때에는 유대인 학살에서 살아남기 위하여 신분을 위장해야 했으며, 소련군이 진입했을 때에는 공산 헝가리의 독재를 피해 런던으로 탈출해야 했다. 그는 인간의 잔혹함을 온 몸으로 경험한 후, 사람들

---

4 20세기 최고의 펀드 매니저로 워렌 버핏과 함께 각국의 경제에 매우 큰 영향을 행사한 인물

이 불합리한 이론과 사상에 치우쳐 서로를 미워하고 죽일 수밖에 없는 비극적인 상황을 극복할 방법을 찾고 싶은 마음을 갖게 되었다.

조지 소로스는 칼 포퍼(Karl Popper)[5]의 저서 『열린 사회와 그 적들』[6]을 통하여 인간의 잔혹성과 야만성의 뿌리였던 역사주의와 전체주의 철학을 극복하는데 필요한 통찰력을 얻었다. 그는 칼 포퍼에게 논문 지도를 받으며 어릴 때부터 고민해 왔던 문제의 실체를 정리할 수 있었고, 열린 사회로 나아가기 위해 무엇을 해야 하는지, 그만의 방법을 찾을 수 있었다. 그는 세계적인 금융 투자가로 성공한 후 '오픈 소사이어티(Open Society Fund Inc.)'라는 자선 단체를 세워, 전 세계 50개국에서 자선 활동을 펼치며 해마다 4억 달러 이상을 기부하고 있다.

조지 소로스가 통합적인 삶을 살 수 있었던 것은, 독서나 지식 때문이 아니라 훨씬 어릴 때부터 세상이라는 텍스트를 읽으며 자신이 꼭 해결해야 할 문제가 무엇인지에 대해서 고민했기 때문이다. 그의 성공, 통찰력 그리고 혜안은 자기 자신과 세상의 고통을 해결하고 싶어 하는 '갈망'을 쫓아간 결과였다. 그에게 갈망이 없었다면 그 어떤 책이나 독서법도 그를 도울 수 없었을 것이다. 그러니 책을 통해 길을 찾고

---

5 오스트리아 출신 철학자. 과학(지식)은 합리적인 가설의 제기와 그 반증(비판)을 통하여 시행착오적으로 성장한다는 '비판적 합리주의'의 인식론을 제창하였다.

6 『열린 사회와 그 적들』은 2차 세계 대전 중 칼 포퍼에 의해 저술된 두 권짜리 정치철학 책이다. 포퍼는 플라톤의 정치철학에는 끔찍한 전체주의자의 악몽이 내재되어 있고, 헤겔과 마르크스는 아리스토텔레스 철학의 후손이라고 하며, 이들이 20세기 전체주의의 뿌리라고 하면서 강하게 비판하였다.

싶은 사람은 먼저 자신의 갈망을 찾아야 한다. 그래야 자신이 목말라 하며 아파하는 것이 무엇인지 알게 된다.

책을 많이 읽으면 지식과 정보를 많이 습득할 수 있지만, 그렇다고 독서 활동만으로 저절로 정보가 통합되고 의식의 확장이 일어나는 것은 아니다. 몇 개의 박사 학위를 가지고 있지만 글을 모르는 사람보다 더 악한 사람들이 얼마나 많은가! 그들은 독서에 뛰어난 재능을 가지고 있지만 세상이나 관계를 읽을 줄을 모른다.

그러므로 독서를 통해 성공하고 싶다면, 책을 읽되 조지 소로스와 같이 자신의 갈망과 인간을 사랑하는 마음을 회복해야 한다. 자신의 갈망을 찾으면 현실을 초월하는 상상의 나래를 펼칠 수 있게 되고, 인간을 사랑하는 마음을 회복하면 다른 사람의 말에 진정으로 귀 기울이고 소통하는 힘이 생기게 된다.

건강한 독서는 단순히 지식을 습득하는 활동에만 집중하기보다는 사람들이 책으로부터 읽어 들이는 내용과 일상에서 겪는 사건에 대해서 느끼는 각자의 마음을 건강하게 주고받을 때 가능해진다. 어떻게 주고받을 것인지에 대해서는 다음 장에서 다루게 되겠지만, 인간의 모든 경험은 소중한 것이며 버릴 것이 하나도 없다. 경험에 들어 있는 사람들의 욕구와 관계의 얽힘의 의미를 파악하고 조율하는 독서를 한다면 인공지능 시대의 변화가 두렵지 않고 기대가 생긴다. 그것이 바로 인간이 중심이 되는 독서인 '세상 읽기'이다.

3장

지금은 경험 읽기 시대

"경험 읽기란, 삶이라는 도서관에 꽂혀 있는 무수한 '경험'이라는 텍스트를 읽고 그 의미를 조율하고 확장함으로써 독서의 영역을 확장할 뿐 아니라 사람들과 함께 성장하는 관계를 지속하는 것이다."

- 본문 중에서

미래 독서의 핵심은 경험 읽기

이랜드 박성수 회장과 손정의 소프트 뱅크 회장은 병상에서 3천 권 이상의 책을 읽어 다른 사람이 얻지 못했던 놀라운 데이터 분석력을 갖게 되었다. 그들의 독서 경험담을 읽다 보면 독서에 대한 열정이 절로 솟아오른다. 한편, 많은 책을 읽고 많은 사람들에게 선한 영향을 미쳤으나 인류에게 돌이킬 수 없는 커다란 상처를 준 사람들도 있다. 예를 들면, 나폴레옹과 마오쩌뚱은 권력을 잡은 후 모든 출판물을 검열하고 작가들을 구속했으며, 독서 영재였던 스탈린과 히틀러는 엄청난 인류 학살을 저질렀다.

이렇게 보면 책이 사람을 만든다고 하지만 어쩌면 그것은 사실이 아닐 수도 있다. 책 자체보다는 경험이 사람을 만들고, 사람의 마음을 빚어내는 것은 아닐까? 사람은 자신의 경험에 따라 책 내용을 어떻게 해석할지를 결정하며, 독서를 통해 자신이 원하는 답을 만들어 내기 때문이다.

토마스 칼라일(Thomas Carlyle)은 '경험은 최고의 교사'라고 했다. 그러나 자기 자신의 경험은 자신에게만 최고의 교사일 뿐, 다른 사람에게 강요하는 순간 폭력이 되어 버릴 때가 많다. 그렇기 때문에 개인의 경험이 중요한 것은 틀림없지만, 사람은 자신의 경험의 한계를 인식하고 자신과 타인의 경험이 의미하는 바가 어떻게 다른지 확인해야 한다. 그렇게 하기 위해서 필요한 것이 '경험 읽기'다.

경험 읽기란 자신과 다른 사람이 어떤 경험을 통해 현재의 해답을 갖게 되었는지 자세히 파악하는 활동이다. 사람들은 경험 읽기를 통해 자신의 미해결된 욕구와 그로 인한 감정을 알아내어 균형 회복에 필요한 조치를 취함으로써 새로운 경험으로 나아간다. 경험 읽기를 해야 하는 또 다른 이유는, 지식이 경험을 통해야만 지혜가 될 수 있기 때문이다. 지식과 경험이 서로 어떻게 상호 작용을 하는지를 읽음으로써 의미를 확장해 나갈 수가 있다.

사람은 경험 읽기를 통해 자기만의 해답을 만든 과정을 찾아내어 건강하게 회복할 수 있기 때문에, 독서 활동의 매우 중요한 부분이다. 무엇보다도 경험 읽기는 서로 다른 해석의 차이를 통합할 수 있도록 해 주며 서로의 이야기를 연결함으로써 마음의 건강함을 유지하도록 해 준다. 경험 읽기는 미래 독서의 핵심 활동이 될 것이다.

다음에서 경험 읽기 사례들을 소개하고자 한다. 관점에 따른 경험 읽기와 상황에 따른 경험 읽기 사례를 통하여 경험 읽기가 무엇이고 어떻게 하는 것인지에 대해 이해할 수 있을 것이다.

관점에 따른 경험 읽기

부모와 자녀가 함께하는 균형심리 독서 모임에서 있었던 일이다. 한 어머니가 자기 아들의 독서 습관에 대해서 걱정하며 "우리 진호(가명)는 책을 읽으라고 하면 책만 펴놓고 딴 짓을 하고 있어요. 내년이면 중학교 3학년이 되는데 기본 상식이나 어휘력이 너무 부족해요."라고 했다. 그러자 진호가 짜증난 말투로 "엄마, 내가 알아서 읽고 있어. 알아서 할 테니까 그냥 좀 놔둬."라고 했다.

그리고나서 진호가 필자에게 "선생님, 책을 꼭 읽어야 하나요?"라고 질문을 했다. 진호의 질문을 문자적으로만 들으면 '책을 읽어야 한다거나 또는 안 읽어도 된다.'는 답을 해야 할 것이다. 하지만 그 방향으로 가면 문제가 해결이 되지 않는다. 책을 읽어야 한다고 말하면 진호가 받아들이지 않을 것이고, 책을 읽지 않아도 된다고 말하면 엄마가 받아들이지 않을 것이기 때문이다.

진호가 독서를 할 것인지 말 것인지에 대한 답을 찾으려면 먼저 갈등하는 두 사람이 어떤 배경에서 그런 질문을 하게 되었는지를 살펴보아야 한다. 가장 좋은 것은 '경험 읽기'를 통해 엄마와 아들 모두가 만족하는 답을 얻도록 하는 것이다. 그렇게 하기 위하여 먼저 엄마와 아들이 독서에 대해서 어떤 경험을 했고, 그러한 경험을 통해 어떤 의미를 얻게 되었는지를 읽어야 한다. 두 사람의 욕구와 감정이 어떤 충돌을 일으키는지를 알아야 두 사람 모두를 만족시킬 수 있는 최선의 방법을 찾아낼 수 있다.

갈등 경험 읽기

필 자 : (진호에게) 너의 질문에 대해서 내가 답을 해야 하는데, 내가 보기에 너는 이미 답을 가지고 있는 것 같아, 맞니?

진 호 : 네.

필 자 : 그래, 네가 이미 답을 가지고 있는 상황이라면 내가 답을 제시하는 것이 별 의미가 없을 것 같아. 여기서 중요한 건 네가 독서에 대해서 가지고 있는 정답이 엄마가 옳다고 생각하는 정답과 충돌을 일으키고 있다는 거야. 이 이슈에 대해서 엄마와 같이 대화를 해 보자. 그래도 되겠니?

진 호 : 네.

필 자 : (어머니 쪽을 바라보며) 어머니, 진호가 조금 전에 저에게 한 질문을 들으셨을 텐데 어머니는 그게 어떤 뜻으로 받아

．　들여지세요?

엄　마 : '책을 안 읽겠다.'는 말로 들려요. 학생이 책을 안 읽겠다는
　　　게 말이 돼요? 그럼 밥도 먹지 말아야죠. 내가 왜 이 고생을
　　　하면서 아들을 키우는데요. 정말 화가 나요. 그런 식으로
　　　살 거면 학교는 뭐하러 다녀요?

필　자 : 어머니가 실망하시고 화가 많이 나신 것 같네요. 엄마 입장
　　　에서는 그렇게 느끼실 수 있어요. (학생을 보며) 자, 지금
　　　엄마의 이야기를 들었는데 너는 엄마의 표현을 듣고 나니
　　　어때?

진호의 경험 읽기

진　호 : 우리 엄마는 늘 저렇게 극단적으로 말해요. 할거면 확실하
　　　게하고 안 할거면 다 집어치우래요. 엄마는 어릴 때부터 책
　　　을 읽으라고 강요했어요. 엄마가 원하는 대로 안 해주거나,
　　　읽고 나서 내용을 제대로 모르면 정신을 어디다 두냐고 야
　　　단을 쳤어요.

필　자 : 그러면 속상하고 짜증나고 화가 났을텐데, 그런 마음을 엄
　　　마에게 표현해 본 적은 있어?

진　호 : 말해 봐야 소용없어요. 말하면 네가 아직 어려서 세상을 몰
　　　라서 그런대요.

필　자 : 그랬구나. 그러면 힘들었을 텐데 어떻게 견뎠어?

진　호 : 잠자고 친구들하고 놀아요.

필　자 : 아, 그렇구나. 그게 네가 견디는 방식이었구나. 그래서 책
　　　　읽기에 대해서 거부감이 들고, 힘들었던 것이고.

진　호 : 네.

필　자 : 그럼 아까 네가 '책을 꼭 읽어야 하나요?'라고 질문했던
　　　　건, 책을 안 읽겠다는 뜻이 아니라, 강요당하는 책 읽기,
　　　　엄마의 계획에 맞춰 주지 않으면 비난을 받아야 하는 책
　　　　읽기에 대한 거부감의 표현이었네. 맞니?

진　호 : 네, 맞아요.

엄마의 경험 읽기

필　자 : 어머니, 아드님의 이야기가 이해되고 받아들여지세요, 안
　　　　받아들여지세요, 아니면 둘 다 있으세요?

엄　마 : 둘 다 있어요. 받아들여지는 건, 내가 강요한 부분요. 근데
　　　　나는 그럴 수밖에 없었어요.

필　자 : 네, 알겠어요. 그럼 안 받아들여지는 건요?

엄　마 : 나도 억울해요. 내가 나 혼자 좋자고 그런 건 아니잖아요.
　　　　나는 하고 싶어도 할 수 없었던 것을 아들한테 해 줬는데,
　　　　얘는 내가 어떻게 살았는지 몰라요. 그걸 안다면 저렇게 말
　　　　못해요. (울음을 터뜨린다.)

필　자 : 어머니의 이야기를 들어 보니, 어머니가 힘듦을 견디며 최

선을 다해서 해 줬는데 아들이 그런 마음을 몰라주고 강요
했다는 이야기만 해서 억울하신 거 같네요, 그러신가요?

엄　마 : 그렇죠. 나는 공부하고 싶어도 할 수 없었어요. 아버지가
내가 초등학교 다닐 때 돌아가셨어요. 가정 형편이 안 좋아
서 공부를 제대로 해 본 적이 없고, 오빠 공부시키는 데 보
탬이 되기 위해 돈을 벌어야 했어요. 그래서 내 아들에게는
나처럼 고생 안 하게 해 주고 싶었어요. 그런데 저런 모습
을 보이니 내가 인생을 헛 살아온 거 같아요. 쟤가 초등학
교 6학년 때까지는 잘 따라왔는데 중학교 들어가서 저렇게
삐딱하니 책도 안 읽고 반항을 해요. 힘들면 나한테 말하면
되잖아요. 그런데 요즘은 대화 자체가 되지를 않아요.

필　자 : 어머니가 그런 인생을 살아오셨네요. 그래서 아들에게 기
대를 거신 건데 안 되니 이렇게 속상하고 실망할 수밖에 없
을 거 같아요. 어머니와 아들의 이야기를 들어 보니 두 사
람의 입장이 모두 이해 돼요. 만약 진호가 어머니의 말을
듣고 책 잘 읽고 공부 잘하는 아들이 되었더라면, 진호는
어머니를 기쁘게 했을지는 모르나 자기 자신을 잃어버리고
살았을 거 같아요. 진호가 어머니의 의도대로 책 읽는 것을
거부하기는 하지만, 그 대신 자기를 잃어버리지 않으려고
무척 애를 쓰고 있는 것 같아요. 어머니는 제 이야기를 듣
고 어떠세요?

엄　마 : 이해는 돼요. 그런데 저도 어떻게 해야 할 지 모르겠어요.
저는 최선을 다해서 타이르고 대화하려고 하는데 안 돼서

이 독서 모임에 나왔어요.

필　자 : 네, 그러시군요. 아까 다른 분께서 진호 어머니의 마음을 이해한다고 했는데, 아마 다른 분들도 비슷한 고민들을 가지고 계실 거 같아요. 어머니가 지금 진호의 독서 문제로 고민을 하시는데, 오늘 우리가 원래 보려고 했던 책을 잠시 내려놓고, 엄마라는 책과 아들이라는 책이 어떤 충돌을 일으키고 있는지 서로를 읽고 해석해 보면 좋을 것 같아요. 어머니는 만약 진호가 책을 안 읽으면 어떤 일이 일어날 것 같으세요?

엄　마 : 책을 안 읽으면 가난하게 살게 될 거예요. 그러면 사람들에게 평생 무시당하면서 고생할 것이구요.

필　자 : 아, 그렇군요. 책을 안 읽으면 무시당하고 고생을 하게 된다는 말씀이시네요. 한편 진호가 지금 책을 안 읽는다고 해서 미래에 꼭 그렇게 될 지는 아직 알 수 없거든요. 그런데도 어머니는 이미 그렇게 될 거라고 결론 내리고 계세요. 그건, 어머니가 이전에 책을 안 읽거나 공부를 못하면 인생이 불행해진다는 것을 직접 또는 간접적으로 경험하신 적이 있다는 이야기거든요. 그런 적이 있으신가요?

엄　마 : 네, 있어요. 아버지가 돌아가시기 전에 엄마를 무식하다고 많이 무시했어요. 엄마가 그것 때문에 많이 힘들어했어요.

필　자 : 친정 엄마가 그렇게 무시당하고 고통받는 모습을 보니까 어떠셨어요?

엄　마 : 창피하기도 하고 불쌍하기도 했어요.

필　자 : 네, 그래서 어떻게 해야 하겠다고 결정을 내리셨어요?

엄　마 : 무시당하지 않으려면 꼭 배워야 되겠다고 생각했어요. 그런데 저도 배우지를 못했어요.

필　자 : 그랬군요. 그래서 어떻게 하시기로 하셨어요?

엄　마 : 내 자식이라도 잘 키워야겠다고 생각했어요.

필　자 : 그래서 그렇게 아들에게 책을 보라고 하셨네요. 이제 어머니가 왜 그렇게 아들에게 독서를 강요했는지 이해가 돼요. 어머니는 지금 아이의 할머니와 어머니 자신이 채우지 못한 것을 아들이라도 해 줬으면 하는 마음이시네요. 이해가 되면서도 참 마음이 아파요. 왜냐하면 아들은 부모의 한을 풀어 줘야 하는 책임을 지고 살아야 하거든요. 그럼 자신의 삶을 있는 그대로 느끼며 살 수가 없게 되는 문제가 생겨요. 제 이야기를 들으니 받아들여지세요?

엄　마 : 나는 내가 그렇게 하고 있는지 몰랐어요. 나는 아들이 잘 될 수 있도록 돕는다고 생각했어요.

필　자 : 당연히 그러시겠죠. 어머니도 이런 이야기를 들어 보신 적이 없으시니까요. 오늘에서야 이런 이슈를 다루게 된 거죠. 알고 나시니 어떠세요?

엄　마 : 마음이 아파요. 아들이 힘들었겠어요. (흐느껴 운다.)

필　자 : (기다렸다가) 그래요. 어머니가 어디 알고 그러셨겠어요? 그런데 모르고 했다고 해도 아들은 여전히 복종할 것이냐, 아니면 거부하고 자기 멋대로 할 것이냐의 양자택일을 강요받는 상황에 처하게 돼요. 어머니, 어머니가 지금 알게 되고 느끼시는 거 그대로 아들에게 표현해 보실 수 있겠어요?

상호 작용하기

엄　마 : (눈물을 닦으며) 어떻게 해야 하는지 잘 모르지만 해 볼게요.
　　　　(엄마가 아들에게 마음을 표현한다.) 아들, 엄마가 널 위해서
한다고 생각했는데, 그게 아니라 엄마의 한을 풀려고 한 것을 알고 나
니 마음이 아프고 미안해.
필　자 : (아들을 보며) 자, 이제 엄마의 이야기를 들었는데, 너는 마음
　　　　이 어떠니?
진　호 : 속상해요. 엄마가 많이 힘드신 건 알지만 저도 너무 힘들어요.
　　　　엄마 말을 들어주고 싶지만 강요하니까 힘들었는데, 엄마가
　　　　힘들어하는 모습을 보니까 속상해요.
필　자 : 그래, 그런 마음을 그냥 있는 그대로 엄마에게 표현해 볼 수
　　　　있겠어?
진　호 : (엄마를 보며) 엄마, 미안해요. 나도 엄마가 나를 위해서 애쓴
　　　　다는 건 알지만 너무 힘들어. 그런데 할아버지 이야기 들으니
　　　　까 엄마가 왜 그렇게 했는지 이해가 되요.
필　자 : 어머니, 아들 이야기 들으니 어떠세요?
엄　마 : 슬프고 미안해요. 이제 어떻게 해야 하나 고민이 돼요.
필　자 : 네, 고민되는 게 당연해요. 그래도 이렇게 어머니가 자신을 보
　　　　려고 하시니 아들과 소통이 되었어요. 엄마라는 책과 아들이

라는 책이 서로 만나는 기회가 되었어요.

이 모든 과정을 지켜보면서 경험 읽기 과정에 함께하였던 다른 참여자들은 진호와 엄마의 이야기에 깊이 공감하였다. 그들은 아이에게 필요한 것은 지식을 강요하는 독서가 아니라 대수롭지 않아 보이는 아이의 말과 행동의 의미를 읽어 주는 것이라는 것을 깨달았다. 또한 참여자들은, 부모들이 아이에게 독서를 강요한 이유가 많은 경우 자신의 경험 때문이었음을 깨달았으며, 나눔과 소통을 통해 지식 읽기에서 경험 읽기로 독서의 범위를 확장하게 되었다.

현대 사회가 지식과 정보 위주의 시스템으로 이루어져 있다 보니, 한 개인을 평가할 때 지식적인 척도를 사용하여 평가하는 경우가 대부분이었다. 그 결과 사람들이 지적으로 매우 뛰어남에도 불구하고 내면의 성장이나 관계적인 측면에서는 결핍이 큰 상태로 살아가게 되었다. 과거에는 한 사람이 진정한 성인이 되기 위해서는 여러 측면을 골고루 고려해야 한다고 생각했다. 그래서 정신적인 방황이나 성장통을 겪는 과정을 지지하고 기다려주는 문화가 있었다. 그러나 지식 경쟁 시대인 지금은 그런 전통들이 사라졌기 때문에 사람들이 여유 있는 방황, 건강한 성장통을 겪지 못하고 말 그대로 평생을 방황 할 수밖에 없는 것이 현실이 되었다.

상황에 따른 경험 읽기

폭력적인 행동을 할 때

어느 초등학교 선생님이 폭력적인 행동을 하는 성호(가명) 때문에 고민하게 되었다. 그 선생님은 성호를 타일러 보기도 했고 야단을 쳐 보기도 했지만 행동이 고쳐지지 않아 곤란한 상황에 처했다. 성호가 폭력성을 갖게 된 것은 초등학교 3학년 때 있었던 일이 큰 영향을 미쳤다. 여자 아이들이 성호를 '냄새나는 아이', '더러운 아이'라고 놀렸다. 한 동안 지속된 놀림과 왕따로 마음에 상처를 받은 성호는 선생님과 부모님의 도움을 받아 목욕을 하고 깨끗한 옷을 입고 다녔다. 하지만 상황은 나아지지 않았고 성호의 마음속에는 여자 아이들에 대한 증오와 분노가 쌓여 갔다.

4학년 때는 반이 바뀌어 3학년 때처럼 놀림을 받지는 않았다. 그러나 5학년이 되자 성호는 여자 아이들에 대해서 적개심을 드러내고 폭력적으로 행동하기 시작했다. 이윽고 여자 아이들의 부모들이 학교에 적절한 조치를 취해 줄 것을 요청하기에 이르렀고, 이에 담임 선생님은 성호를 달래기도 하고 야단을 치기도 했지만 소용없었다. 아빠는 성호가 반복적으로 문제를 일으키자 참지 못하고 혼내기 시작했다. 그러자 성호의 분노와 적개심은 이제 선생님, 부모 그리고 어른들을 향하기 시작했다.

우리는 보통 폭력성이 심한 아이를 대할 때, 행동의 교정에만 관심을 기울이고, 그 아이가 어떤 경험을 통해 폭력성을 가지게 되었는지에 대해서는 파악하려고 하지 않는다. 그리고 아이에게 폭력 예방과 관련된 책이나 동영상을 보여줌으로써 폭력적인 행동을 멈추기를 요구한다. 성호가 왜 폭력적이 될 수밖에 없었는지 그 원인을 찾아 풀어 주는데 관심을 기울이지 않고, 오로지 행동만 고치려고 한다면, 조언, 타이름, 야단, 처벌, 독서 활동으로 성호의 폭력적인 행동이 고쳐지지 않는다. 성호의 행동이 개선되려면 누군가가 성호의 마음에 쌓인 증오와 원망을 진심으로 읽어 주고 치유해 주어야 한다. 이것이 진정한 독서이고 경험 읽기다.

그러나 주위의 누구도 성호의 마음을 진정으로 읽지 못했다. 성호의 마음이 억울함, 분노 및 증오심으로 가득한 상태에서는 책을 읽어도 내용을 왜곡되게 받아들일 수밖에 없다. 이 문제를 해결하려면 먼저 성호가 어떤 경험을 통해 이렇게 큰 분노와 증오심을 갖게 되었는지 읽어낼 수 있어야 한다. 또한 책, 음악, 영화, 이야기 등 활용 가능한 여러 도구들을 사용하여 성호의 상처받았던 경험과 그 경험 때문에 형성된 독서 패턴을 빠른 시간 내에 파악해야 한다. 그 다음 성호의 상처가 어느 정도인지 알려 주는 감정들을 알아내어 풀어 주는 과정을 거치면 성호는 갈등을 건강하게 조율하는 힘을 얻게 된다.

상징에 대한 해석이 다를 때

사랑에 빠진 한 젊은 남자가 친구들에게 여자 친구를 소개하고 싶어 했다. 여자 친구는 사랑하는 남자를 위해 한껏 멋을 내고 싶어서 예쁘고 우아한 빨간 원피스를 입고 모임 장소로 나갔다. 그런데 남자가 여자를 보는 순간, 얼굴을 찡그리며 "웬 빨간 원피스?"라고 말했다. 여자는 다른 사람들 앞에서 면박당하자 당황스러움과 수치심을 느꼈다. 화가 나고 속상했지만 사람들 앞에서 다툴 수는 없어서 그냥 참고 가만히 앉아 있었다. 결국 두 사람의 관계에 문제가 생겼다.

만약 우리가 면박당한 여자의 입장이라면 이 문제를 어떻게 해결해야 할까? 여자는 자기를 부끄럽게 만든 남자에게 화를 내고 관계를 단절할 수도 있고, 아니면 그냥 덮어주고 지낼 수도 있다. 하지만 두 가지 경우 모두 건강한 관계 맺음이 아니다. 두 사람의 관계 속에서 생긴 긴장을 해결하고 소통하려면 다른 방법이 필요하다.

갈등을 해결하기 위해서는 문제의 원인을 알아야 한다. 남자와 여자 사이에는 해석의 문제가 존재한다. 남자에게는 빨간 원피스가 이전의 상처를 떠올리게 만든 상징이었다. 어린 시절 그의 아버지는 늘 "야

한 여자들은 가정을 제대로 돌보지 못한다."는 말을 했고, 아내가 예쁜 옷을 입으려고 하거나 화장을 하려고 하면 화장품이나 옷을 없애기까지 했다. 그런 아버지의 모습을 보면서 자랐던 남자는 야하다고 느껴지는 것을 보면 화가 났다.

반면 여자는 사랑하는 남자의 친구들을 만나는데, 자기가 예뻐 보여야 남자 친구의 기분이 좋을 것이라고 생각해서 빨간 원피스를 입었다. 입기 전에 너무 꾸민 것처럼 보여서 나쁜 인상을 줄까 걱정하기도 했지만, 남자친구를 기쁘게 해 줄 수 있는 특별한 기회라고 생각하고 용기를 냈다. 그런데 남자 친구가 화를 내고 창피를 주니 속상하고 수치심을 느낀 것이다.

두 사람은 같은 대상을 두고 서로 다른 독서(해석)를 하고 있다. 남자에게 빨간 원피스는 관계가 깨지는 것을 의미하는 상징이었고, 여자에게 빨간 원피스는 사랑을 의미하는 상징이었다. 만약 두 사람이 갈등이 생겼을 때 각자가 느끼는 편안함과 불편함을 상대방에게 표현하고, 각자가 그렇게 해석할 수밖에 없는 서로의 이야기를 나눈다면, 두 사람은 서로의 마음을 읽어 주며 인간에 대해 더 깊이 이해하게 될 것이다. 남자와 여자 둘 중 한 사람만이라도 자신의 마음을 표현하고 물어보는 힘이 있다면 둘은 상처를 주고받는 대신 상대방의 아픈 이야기를 수용하고, 나아가 각자 자신의 상처를 치유하는 기회를 얻게 될 것이다. 그리고 둘은 경험을 완성하며 더 사랑하는 관계로 발전하게 될 것이다.

책 읽기를 싫어할 때

엄마는 6살 민지(가명)에게 동화책 읽어 주는 것을 중요하게 생각한다. 민지는 책을 좋아하지만 가끔은 읽기 싫을 때가 있다. 그러나 민지가 책 읽기 싫다고 표현해도 엄마는 그 요구를 들어주지 않는다. 민지가 책에 집중하지 않고 엄마의 옷을 만지작거리며 장난을 치자 엄마는 피곤함을 참으며 시간을 내어 책을 읽어 주는 자신의 노력을 몰라주는 민지에게 화가 났다. 엄마는 민지에게 책에 집중하라고 말했다. 그런데도 민지가 계속 장난을 치자 앞으로 다시는 책을 안 읽어 주겠다고 말하며 화를 냈다.

안타깝게도 엄마는 '독서는 책 읽기'라는 프레임에 갇혀 정작 딸을 읽지 못하고 있으며, 자신과 딸의 소중한 관계가 훼손되고 있다는 사실을 알아차리지 못하고 있다. 엄마는 책 읽기를 통해 "너에게 책을 읽어 주어 지식을 습득할 수 있도록 도와줄게."라고 표현하고 있는데, 딸은 엄마의 옷을 만지작거리는 행동을 통해 "다른 것을 하고 싶어요."라고 표현하고 있다. 두 사람의 대화에는 접점이 없는 것처럼 보이며 엄마는 딸의 행동 속에 숨어 있는 진짜 의미를 알아차리지 못하고 있다.

엄마가 책을 통해 딸에게 주려고 했던 지식이 건강하게 전달되려면, 엄마와 딸의 마음이 소통되는 친밀하고 건강한 관계가 우선이다. 그러나 엄마가 책 읽기에만 신경을 쓰느라 정작 책을 누리고 즐겨야 할 주인공인 엄마 자신과 딸을 보지 못한다. 엄마와 딸 사이에 존재하는 긴장과 갈등을 조율하지 못하면 관계가 깨지고 마음(욕구와 감정)

의 왜곡을 겪게 된다. 엄마가 균형심리 독서 모임에서 이 이슈를 다룬 후 다시 대화를 하게 되었다.

엄　마 : (민지의 행동을 보며) 민지가 책을 읽고 싶지 않은 모양이구나?

민　지 : (대답 없이 고개만 끄덕이며 웃는다.)

엄　마 : 그래 알았어, 괜찮아. 당연히 책을 읽기 싫을 때도 있지. 그럼 민지는 무엇을 하고 싶어?

민　지 : 놀고 싶어.

엄　마 : 무슨 놀이를 하고 싶어? 민지가 하고 싶은 것을 얘기해봐

민　지 : 잘 모르겠어, 책 읽는 것 말고 다른 것을 하고 싶어.

엄　마 : 그렇구나. 자, 그럼 민지가 무슨 놀이를 하고 싶은지 알아맞히는 게임을 먼저 해 볼까?

민　지 : (좋아하며) 응.

엄　마 : 그래, 그럼 엄마의 말대로 한 번 해 봐. 민지가 몸을 느껴보는 거야. 몸의 머리부터 발끝까지 천천히 내려가면서 몸이 어떻게 반응하는지 살펴보자. 몸의 어디가 무겁거나, 답답하거나, 간지럽거나, 불편하거나, 아니면 뭔가 허전하지는 않은지…… 자, 이제 느껴봐.

민　지 : 엄마, 나 가슴이 답답해.

엄　마 : 그렇구나, 무엇 때문에 답답한지 그리고 어떤 생각이 나는지 말해 줄래?

민　지 : (불편한 표정을 지으며) 엄마, 있잖아. 아까 수민이네 집에

갔을 때 수민이가 컴퓨터 게임을 하고 있었는데 계속 그 모습이 생각나.

엄　마 : 그렇구나, 수민이 컴퓨터 게임 하는 모습을 보니까 민지 마음이 어땠어?

민　지 : 부러웠어.

엄　마 : 그랬구나, 너도 컴퓨터 게임을 하고 싶은 거야?

민　지 : (고개를 저으며 시무룩한 표정을 짓는다.) 수민이가 나한테 해 보라고 해서, 해 봤는데 잘 안 됐어. 그랬는데 수민이가 나한테 바보라고 놀렸어.

엄　마 : 세상에, 그런 일이 있었어? 우리 민지가 그래서 얼굴 표정이 시무룩해졌구나. 수민이 마음이 속상했겠다.

민　지 : (눈물을 글썽이며) 수민이가 나보고 바보라고 그랬어.

엄　마 : 그래, 민지 기분이 안 좋았겠네. 엄마도 민지가 힘들었을 거 생각하니까 마음이 아파. (안아주고 민지가 느끼도록 좀 기다려 준 후) 민지야, 그러면 너는 어떻게 하고 싶어?

민　지 : 엄마 나 바보 맞아?

엄　마 : 아, 우리 민지가 바보라고 놀림 받아서 그것 때문에 힘들었구나. 당연히 아니지. 왜 그런지 엄마가 설명을 해 줄까?

민　지 : 응.

엄　마 : 자, 보자. 우리 집에 '실수해도 괜찮아'라는 책이 있잖아. 그 내용 생각나?

민　지 : 응, 생각나.

엄　마 : 그 책 내용을 보면……

- 중략 -

위의 대화에서 엄마는 책에서 시작하여 읽는 대상을 민지의 욕구, 민지에게 일어난 사건, 민지의 상처받은 마음, 다시 책의 순서로 바꿔 가고 있다. 이렇게 민지의 마음에서 일어나는 것을 따라가며 소통할 때, 엄마와 딸의 관계가 건강하게 유지될 뿐 아니라 지식을 자유롭게 확장해 나갈 수 있게 된다.

엄마가 아이를 만남의 대상으로 보지 않고 가르쳐야 할 대상으로 보면, 아이의 몸 속에서 일어나는 중요한 것들을 무시하고 엄마가 세운 독서의 목표와 수단에 아이를 끌어다 맞추려고 한다. 그런 상태에서의 책 읽기는 독서라는 이름으로 아름답게 포장되어 있을지는 모르나 아이들의 마음을 상하게 할 수 있다. 독서 자체가 목적이 되는 책 읽기는 폭력적인 것이 될 수 있는 반면, 위의 대화에서 본 것처럼 '엄마가 읽어 주려던 책 - 민지의 욕구 - 민지에게 일어난 사건 - 민지의 상처받은 마음 - 실수해도 괜찮아'의 과정을 거치는 사람을 읽는 책 읽기는 사람의 마음을 지켜 주는 치유의 과정이 된다.

엄마가 '경험 읽기'를 할 수 있다면, 엄마와 민지는 삶이라는 도서관에 꽂혀있는 무수한 '경험'이라는 텍스트를 마음껏 사용하여 함께 성장하는 관계를 지속할 것이고, 그러한 관계를 바탕으로 책과 인터넷에 널려 있는 지식의 조각들을 자기의 필요에 맞게 퍼즐처럼 맞춰 나갈 것이다.

4장

마음을 건강하게 하는 독서

"마음을 건강하게 하는 독서를 통해 호기심, 통찰력, 관계 맺기 등의 능력을 가진 사람이 21세기를 헤쳐 나갈 수 있는 잠재력을 가진 사람 이다."

- 본문 중에서

관계로 읽는 독서

책을 많이 읽어서 사람이 바뀔 수 있다면 얼마나 좋을까? 그것이 가능하다면 독서가 무척 간단해진다. 책을 많이 읽기만 하면 되기 때문이다. 그러나 매일같이 뉴스를 장식하는 유능하지만 책 많이 읽은 악한 지식인들이 많아지는 현상은 책을 많이 읽는 것만으로는 독서에 진정으로 성공할 수 없다는 것을 보여 준다. 책을 읽음으로써 사람의 마음이 바뀐다고 말하는 것은, 밥을 먹으면 아프던 병이 낫게 된다고 말하는 것만큼이나 연관성이 적다. 그럼에도 불구하고 책을 많이 읽음으로써 사람이 변화되기를 바라고 성공하기를 바라는 독서 환경이 지속되어 온 이유는, 지식의 빠른 습득이 긴급한 과제였기 때문이다. 우리는 그동안 독서가 사람을 진정으로 바꿀 수 있는지의 여부를 꼼꼼히 따져볼 여유를 갖지 못하고 독서를 해 왔다.

실제로 독서를 통해 사람이 달라지는 것처럼 보이는 착시현상이 나타나기도 한다. 예를 들면, 착한 아이의 경우 어린 시절 욕구를 표현했다가 부모의 비난과 질책을 들었을 때 죄책감, 두려움, 공포, 불안을 느끼며 성장하게 된다. 아이는 이제 자신의 욕구와 감정을 표현하는 것에 대해 염치없거나 타인을 고통스럽게 만드는 행동으로 생각하게 된다. 이런 아이는 굳이 흥부놀부 이야기를 읽지 않아도 이미 착한 사람이 되어 있다. 즉, 이 아이의 경우 학교가 진행하고자 하는 독서의 목표에 맞게 잘 따라주었기 때문에 마치 독서가 제대로 효과를 발휘하였다고 착각하게 만드는 것이다.

반면 욕심이 많거나 이기적이고 다른 아이들을 괴롭히는 아이는 독서 활동을 한다고 해서 결코 변하지 않는다. 자신이 욕심이 많거나 이기적인 사람이라고 생각하지 않을 뿐더러, 설령 그 사실을 안다고 하더라도 변하지 않아야 할 개인적인 이유와 배경을 가지고 있다. 그는 다른 사람이 뭐라고 말하든 신경쓰지 않는다.

결론적으로 우리는 사람의 마음이 책 읽기를 통해 바뀌기를 바라는 환상을 너무 오랫동안 붙잡고 살아왔다는 것을 알 수 있다. 실제로 마음의 변화는 타인과의 관계를 소중하게 여기는 마음을 가지고 관계 속에서 발생하는 갈등에 대한 해결책을 찾기 위해 책을 읽는 과정에서 일어나는 경우가 많다.

인간은 늘 자기만의 존귀함과 추함 사이에 끼여 아파하면서 동시에 그것을 극복하기 위해 자기만의 여행을 하고 있다. 각자가 처한 상황과 환경 속에서 그 여행을 어떻게 해 나가고 있는지 관찰하고, 느껴보고, 아파하고, 기뻐하며 자기 자신의 여정을 살펴야 한다. 그리고 그 여정을 건강하게 지켜 나가기 위해서는 지식이 필요하다. 지식 자체가 중요한 것은 틀림없지만, 지식은 관계의 사슬 속에서 진정한 의미와 가치를 만들어 낸다. 따라서 지식이 건강한 의미와 가치를 갖도록 하기 위해서는 욕구 및 관계의 충돌을 읽는 법을 알아야 한다.

영화 배트맨 다크나이트 라이즈(Dark Knight Rise)의 악당 베인은 어린 시절부터 상처받은 희생자였다. 어린 베인은 혁명가 아버지가 도망가고 난 다음 아빠 대신 그 죄를 뒤집어쓰고 감옥에 갇히는 신세가 되었다. 베인은 온갖 어려움을 겪었고 나중에는 인체 실험의 대상이 되기까지에 이르렀다. 인체 실험을 당했던 모든 사람이 죽었지만 베인은 '베놈'이라는 물질 때문에 죽지 않고 살아났을 뿐 아니라 오히려 초인적인 힘을 얻게 되었다. 베인은 감옥에서 과학과 언어 등 많은 학문을 독학하였지만, 그 많은 지식과 그의 탁월한 두뇌를 세상에 대한 분노와 억울함이 많은 그는, 파괴적인 무기를 만드는데 사용하기에 이르렀다. 왜곡된 패턴과 상처를 가지고 있는 베인에게는 지식이 독이었다.

비록 영화 스토리이지만 우리 주변에도 이런 사람들이 꽤 많이 있다. 지식인들 가운데 자기 인생의 균형을 회복하기 위해 이기적이고 악랄하게 다른 사람을 희생시키는 사람들이 얼마나 많은가? 다른 사람을 언급할 것 없이, 바로 우리 자신이 욕구와 관계의 충돌을 풀지 못하고 무너지고 있다.

많은 사람들이 관계로 인해 고통을 받고 있는 요즘, 과연 우리가 책을 읽지 않아서 이렇게 아픔을 겪고 있는 것인가! 이제는 책으로부터 자유로워야 한다. 그렇다고 책 읽기를 그만두어야 한다는 것이 아니라, 책 속에 있는 지식에 노예처럼 속박당하지 말아야 한다는 것이다. 정말 원하는 것을 얻기 위해서는 욕구와 관계의 균형을 회복하는 법을 배워야 한다. 2부 '독서, 심리학을 만나다'에서 욕구와 관계에 대해서 깊이 다루게 되는데, 욕구와 관계의 균형을 회복하는 법을 배워 사용할 수 있게 될 때, 지식은 주인인 인간을 위해 진정으로 그 가치를 발휘하게 될 것이다.

비인지 능력을 키워 주는 독서

오늘날 사람들이 인지 능력의 원천이 되는 지적 활동에만 집중했던 이유는 현대 교육과 독서의 근간이 되는 철학적, 교육적 환경이 인지 능력에만 집중하도록 만들어졌기 때문이다. 데카르트(René Descartes)는 마음과 몸은 별개의 존재라는 심신이원론을 통해 마음의 영역을 제외하고 과학으로 검증 가능한 부분만 연구의 대상으로 삼았다. 그러한 시도가 중세 시대의 광기에서 벗어나기 위한 노력이었지만, 창의성의 원천인 개인의 욕구와 감정을 독서의 영역 바깥으로 추방하였다. 또한 현대 서구 문명의 핵심인 '사회는 한 방향으로 발전한다'는 역사관이 삐아제(Jean Piaget)에 이르러 인지발달심리학으로 정리되어 나타났는데, 그는 정서를 불합리한 것으로 여겨 아예 다루지도 않았다. 삐아제가 정리한 인지발달 단계는 현대 교육학에 영향을 미치고 있고, 독서도 그러한 교육을 뒷받침하는 차원에서 지식을 추구하였다.

그러나 일본 '교육 재생 실행회'의 자문위원 나카무로 마키코 교수가 "우리의 문제가 문자가 아닌 비문자적이고 비인지적인 영역에서 비롯되고 있다."고 말한 것처럼 현대 자본주의의 폐해, 생태환경의 파괴, 에너지원의 고갈, 인종 갈등 및 일상생활에서의 크고 작은 갈등들은 인지 능력만으로는 해결되지 않는 것이 사실이다. 비인지 능력을 키우는 독서의 필요성이 있음에도 불구하고 그동안 학교나 가정의 독서 활동에서 비인지 영역은 다루어지지 않았다.

　　비인지 능력을 얻는 독서를 하기 위해서는 먼저, 자신뿐만 아니라 타인의 욕구와 감정에 대해서 느끼는 능력을 회복하는 활동이 독서에 포함되어야 한다. 사람들과의 관계에서 드러나는 갈등과 차이를 읽고 조율하는 행복한 경험이 쌓일 때 비인지 능력을 얻게 된다. 그리고 그동안 우리가 소홀하게 여겼던 욕구와 감정 그리고 일상의 경험들을 다루어 주어야 한다. 비인지 능력은 책 보다는 주변 사람들과 건강하게 주고받는 정서적 상호 작용을 통해 얻을 수 있기 때문에, 관계 속에서 발생하는 긴장에 머물며 갈등을 건강하게 풀어 나가는 경험들이 쌓여 선한 열정과 끈기로 나타나게 된다. 누군가 '나'라는 텍스트를 여러 번 제대로 읽어 주고 소통해 준다면 얼마나 행복해지겠는가.

　　실패와 역경을 극복하고 목표를 이뤄낸 사람들은 공통적으로 열정과 끈기를 가지고 있다. 이 두 가지가 갖추어져 있으면 IQ, 재능, 부모의 경제력 같은 외부적인 조건을 뛰어넘을 수 있게 된다. 김구, 아브라함 링컨과 같은 인물이나 마오쩌뚱, 히틀러와 같은 인물들이 그러했다. 원래는 불리하게 작용할 것 같은 환경도 불굴의 의지를 가진 사람에게는 마음의 근력과 집중력을 키우는 훈련의 장으로 바뀐다. 중요한 것은 그 열정과 끈기를 인간의 존엄성을 존중하는 방향으로 사용하고자 애쓰는가의 여부에 따라, 비인지 능력조차 선하게 사용하는가 악하게 사용하는가의 판가름이 난다는 것이다.

잠재력을 키우는 감성 독서

인공지능에게 인간의 지성을 외주 주게 된 인간은 큰 딜레마 하나를 떠안게 되었다. 그것은 사람들 중에서 누가 악한 감성을 가지고 인공지능을 사용하게 될 지의 여부를 미리 확인하거나 통제할 방법이 없다는 점이다. 제 2의 히틀러 같은 사람이 나타나 인공지능을 자기의 목적을 위해 악용한다면 인류 전체에 치명적인 해를 끼칠 수 있는데, 문제는 누가 그런 사람인지 알 수가 없다는 것이다. 이것을 우리의 독서가 성공하고 있는가 하는 질문과 연결시켜 보면, 원래 독서의 목표가 인성을 갖춘 인간을 육성하는 것이라고 했을 때 우리는 이미 그 목표를 달성하는데 실패하였다.

인간이 감성을 회복할 때 잠재력을 회복할 수 있고 인공지능 시대에 필요한 능력을 가질 수 있다. 감성은 인간을 기계와 구별시켜 주는 유일한 영역이다. 지식 중심의 독서로는 인공지능 시대에 인간이 갖추어야 할 능력들을 얻을 수가 없기 때문에, 이제 우리는 독서의 목표를 지식 습득에서 삶의 균형 회복으로 확장해야 한다. 우리가 독서를 하는 진짜 이유는 인생의 균형을 회복해서 건강하고 행복하게 살고 싶기 때문이다. 그러므로 건강하고 행복한 삶을 보장하는 독서를 하려면, 중세에서 근·현대로 넘어올 때 주관에서 객관으로, 감성에서 이성으로 독서의 방향과 방법만 극단적으로 바꾸었던 것처럼 또다시 방향이나 방법만 바꾸어서는 안 된다.

클라우디오 페르난데즈-아라오즈(Claudio Fernandez-Araoz)[7]는 '21세기 인재 발굴'[8]에 대한 글에서 인재의 기준이 20세기에는 언어, 분석, 수리, 논리를 평가했던 지능지수(IQ)와 학력 및 시험 성적이었다면, 1980년대 이후에는 기술의 발전과 산업간 융합으로 업무가 복잡해지면서 역량으로 바뀌었다고 말했다. 그렇지만 어떤 일이 일어날지 예측할 수 없는 21세기에는 업무 역량이 아니라, 불확실한 환경에서도 새로운 기량을 배울 만한 '잠재력'이 있는가가 중요하다고 하였다.

그는 1972년에 일어난 여객기 추락사고 이야기를 통해 잠재력에 대해서 설명했다. 1972년 우루과이 럭비팀을 태우고 칠레로 향하던 여객기가 안데스 산맥에서 추락했다. 모든 사람들이 탑승객 45명 전원 사망했을 것이라고 예상했는데, 사고 발생 72일 만에 16명이 극적으로 구조되었다. 16명의 목숨이 경각에 달려 있다가 살아나는 기적이 일어날 수 있었던 이유는 '페드로 알고르타(Pedro Algorta)'라는 생존자의 역할 때문이었다.

---

7 인사 컨설팅사 이곤젠더의 고문
8 「하버드 비즈니스 리뷰 코리아」, 2014년, 6월호.

그는 극도의 절망적인 상황 속에서도 절망하지 않고 오히려 '호기심'을 가지고 주변 환경을 관찰하였다. 알고르타는 얼음에서 흘러나오는 물을 보고 비행기 조종사가 구조대에 보고한 것과 달리, 자신들이 안데스 산맥의 칠레 쪽이 아닌 아르헨티나 쪽에 있다는 사실을 알게('통찰력') 되었다. 그는 우선 구조대에 자신들이 조난당한 정확한 위치를 다시 알려 주고 구조를 기다렸을 뿐만 아니라, 또한 다른 조난자들을 힘써 다독거리고 돌보면서 희망을 잃지 않도록 격려했으며('관계맺기'), 음식이 떨어진 상황에서도 먹을 것을 구하기 위해 온갖 노력을 다하는 등 희생적인 모습을 보였다.

알고르타는 위기의 상황 속에서 자신뿐만 아니라 다른 사람들의 생명을 구하고자 하는 간절한 마음으로 상황을 파악하고 사람들을 돌보는 탁월한 능력을 발휘할 수 있었다. 그가 자신의 잠재력을 최대한 발휘할 수 있었던 것은 모든 상황 판단의 중심에 '인간에 대한 사랑, 인간을 소중히 여기는 마음'이 있기 때문이었다. 바로 페드로 알고르타가 보여 준 호기심, 통찰력, 관계 맺기 등의 능력을 가진 사람이 21세기를 헤쳐 나갈 수 있는 잠재력을 가진 사람이라고 할 수 있다.

우리가 마음에서 내려놓기 어려워하는 국어, 영어, 수학과 같은 교과목 성적을 통한 인재 평가 방식이 서서히 무력화되고 있다. 앞으로 인공지능 시대의 사회 경제 구조가 원하는 인재 선발에 관한 새로운 평가 기준이 제시되면, 기존의 독서 시스템은 상상하지 못했던 방식으로 혁명적인 변화를 겪게 될 것이다.

미래의 독서가 갖추어야 할 능력

미래의 독서는 인간의 무의식 영역을 탐색하고 통합하는 역할을 할 것이며 이를 위해 심리학과 더 깊이 협력하게 될 것이다. 인간에 대한 깊은 이해가 동반되어야 해석의 차이를 통합하고 확장하는 능력을 키울 수 있기 때문이다. 미래의 독서가 갖추어야 할 능력에 대해 다음 일곱 가지로 정리해 보고자 한다.

① 자신을 아는 능력

우리가 독서를 하는 이유는 독서 자체가 좋아서인 경우도 있지만, 많은 경우 삶의 문제들에 대한 해결책을 찾기 위한 것이다. 독서로도 안 되면 토크쇼나 세미나에 참여하고, 강의를 통해 전문가들의 최신 정보와 노하우를 듣는다. 그렇게 노력하는데도 불구하고 내면에서 올라오는 공허함과 막막함을 떨쳐버리지 못하고 불안을 느끼게 되면, 독서를 제대로 하지 못했거나 제대로 된 정보와 방법을 얻지 못한 탓이라고 생각한다. 불안은 우리를 더 많은 활동으로 내몰고 그 뒤에 따라오는 공허함은 다시 더 큰 불안을 동반한다. 이런 악순환에서 벗어나지 못한 채, 문제의 해결책과 지혜를 찾아다니며 좌절을 반복하다보면 이미 너무 많은 세월을 허비해 버리고 만다.

그런데 사람들이 삶의 문제들에 대한 해결책을 찾지 못하는 이유가 지식이나 독서 활동의 부족 때문이라고 말하기는 어렵다. 많은 지식을 습득하고 수많은 전문가들의 강의를 들어 보지만, 우리가 그동안 해 왔던 방식으로는 우리가 겪는 문제에 대한 해결책이 나오지 않는 경우가 많기 때문이다.

문제의 해결책을 찾고 싶다면 먼저 해야 할 일이 있다. 그것은 바로 자신이 원하는 것이 무엇인지, 무엇을 좋아하고, 무엇을 잘 하는지, 어떤 갈망이 있는지를 아는 것이다. 그러나 이러한 작업은 토크, 활동, 강의, 책 읽기만을 통해서는 어려운 것이 사실이며, 실제로 자신이 경험해 온 이야기를 읽는 작업을 통해 자신과 만남으로써 가능해진다.

자신과의 만남은 우리의 출발점이 어디였는지, 무엇을 원했고, 무엇을 이루어 왔는지 또는 원했지만 이룰 수 없어서 어떤 방향으로 갈 수밖에 없었는지를 찾는 일이다. 그리고 그 여정에서 받은 상처와 고통을 견디기 위해 무엇을 했는지, 자신이 원래 가고자 했던 길에서 얼마나 멀리 떨어져 나와서 방황하고 있는지, 계속 이 방향으로 가면 어떻게 될 것인지, 그렇게 정해져버린 자신의 운명을 받아들일 것인지에 대해 자신과의 대화를 통해 자신에 대해 이해하는 과정이다.

무엇보다도 자신과의 만남은 자신이 원래 가고자 했던 길을 다시 가려고 한다면 무엇을 어떻게 해야 하는지, 현재의 나 자신에게 그럴 힘은 있는지, 힘이 없다면 어떻게 힘을 회복할 것인지, 그리고 자신에게 필요한 것이 무엇인지 찾아내어 그것을 어떻게 채워나가야 하는지를 정리하는 작업이다.

자기에게 필요한 것이 무엇인지를 정확하게 판단할 수 있을 때 이 세상의 수많은 책과 지식들이 지금 현재의 나와 어떻게 연결이 되는지를 알아차릴 수가 있다. 그래야 수없이 널려있는 책, 자료, 토크, 활동 및 강의가 자신에게 꼭 필요한 것인지 그리고 어느 정도나 도움이 되는지 판단하는 눈이 생겨 제대로 활용할 수 있게 된다.

② 내면의 행복 찾기

히브리 대학교 역사학과 교수 유발 하라리는 한 인터뷰에서 다음과 같이 말했다. "역사적으로 인간은 자기 주변의 세상을 바꾸면서 행복해지려고 노력했다. 환경, 경제체제, 정치를 바꾸면 행복해질 수 있다고 믿었다. 그런데 바깥세상을 아무리 바꾸어도 완벽하지 않고 만족이 없다는 사실을 알고 내면의 변화로 향하고 있다. 우리는 이제 우리 마음속에서 어떤 반응이 일어나는지 관찰해야 한다. 이렇게 하는 것은 집중력이나 인생의 균형, 정체성 같은 '나 자신'을 이해하는 데 큰 도움을 준다." 그의 말에 전적으로 동의한다. 인류는 대단한 성취를 경험해 보았지만 그 결과는 전쟁, 갈등, 고립, 정신적 공황 상태이다. 인생에서 성취를 추구하는 것만으로는 행복을 기대할 수 없음이 분명해졌다.

인간은 지금까지 성취를 통해 만족을 추구해 왔지만 인공지능 시대에는 그것이 큰 의미가 없을 것이다. 인간이 인공지능의 지적 능력을 따라갈 수 없기 때문에 인생의 의미를 찾기 위해서는 진정으로 내면의 행복을 찾아야 한다.

③ 인간다움 회복하기

인류는 스스로를 '만물의 척도'라고 정해 놓고 발전이라는 명목 하에 자연에 변형을 가했고 에너지를 낭비했으며 동식물을 학대했다. 또 욕심을 채우기 위해 수많은 전쟁을 치르고 학살을 멈추지 않았다. 그런데 만물의 척도라고 스스로 자부했던 인간보다 더 똑똑하고 지적인 인공지능의 출현은 인류에게 경각심을 불러일으키고 있다.

김대식 교수는 이러한 위기에 대해서, 『인간 vs 기계 : 인공지능이란 무엇인가』를 통해 다음과 같이 표현한다. "인류는 스스로 계몽해야 할 진짜 데드라인이 생겼다. 스스로 세워 놓은 기준과 다르게 살았던 삶을 반성하고 기계가 학습한 그 인간다움의 기준대로 살아야 하는 이유가 생겼다. 이전까지 인간과 인간의 약속이었으니 그냥 덮고 넘어갔던 요소들이 인간과 기계의 약속으로 확장될 것이고 가치판단의 주도권은 강한 인공지능이 쥐게 된다."

인간이라면 당연히 인간다운 삶을 살아야 하지만 우리는 그동안 그렇게 살지 못했다. 강한 인공지능이 나타나 뛰어난 데이터 수집 및 해석 능력을 통해 인간보다 더 뛰어난 판단을 할 수가 있게 된 지금, 인간이 인간다움을 잃어버리고 기계처럼 퇴보하는 사이에 강한 인공지능이 인간보다 더 쓸모 있는 역할을 할 지도 모른다. 인간이 인간다움을 회복하지 않는다면 어쩌면 인간은 인공지능보다 못한 존재가 될 수도 있다. 애플 CEO 팀 쿡(Tim Cook)은 이러한 위기감을 "나는 기계가 인간처럼 생각하는 것을 걱정하지 않는다. 내가 걱정하는 것은 인간이 기계처럼 생각하는 것이다."라고 표현하였다.

우리는 '소외, 실업, 흙수저, 학교 폭력, 왕따, 인권 약화, 양극화, 교권 침해, 우울 그리고 불행'으로 점철된 문명으로부터 인간을 살려 내야 한다. 우리는 기계와 차별화된 인간다움 속에서 창의적이고도 이타적인 가능성을 위해 끊임없이 나아감으로 미래를 열어 가야 한다.

④ 새로운 길 만들기

오늘날 인류는 기업가 정신과 창의력이 그 어느 때보다 중요하고 강조되는 시대를 살고 있다. 피터 틸(Peter Thiel)[9]은 『지로 투 원』에서 경쟁하지 않고 자기만의 길을 가는 기업가 정신을 강조한다. 그가 말하는 기업가 정신은 이전에 존재하지 않았던 새로운 길을 만드는 것이기 때문에 공식이 존재하지 않으며, 따라서 성공한 사람들을 따라하는 것으로는 실패할 가능성이 크다.

많은 사람들이 두려움 때문에 아무도 가 보지 않은 곳에 갈 용기를 내지 못한다. 그래서 불가능에 도전하지 못하고 다른 사람들이 갔던 안전한 길을 따라가려고 한다. 그러나 우리가 진정 자신만의 길을 찾아가고 싶다면 '정말 중요한 진실임에도 불구하고 남들이 지지해 주지 않는 길'을 갈 수 있어야 한다. 그러기 위해서 우리에게 필요한 것이 용기라는 덕목인데, 용기 있게 남들이 한 번도 가지 않은 길을 가고자 할 때 바로 그 곳에 길이 열릴 것이고, 우리는 우리의 삶의 영역을 더욱 확장할 수 있게 될 것이다.

⑤ 갈등 조율 능력 갖추기

제리 카플란(Jerry Caplan)[10]은 그의 저서 『인간은 필요 없다』에서 기술 발전이 소수 자본가들에게는 더 큰 기회를 제공하지만, 노동

---

9 스텐포드 대학교 스타트업 최고 유명 강사
10 스텐포드 대학교 법정보학과 교수이자 인공지능 학자

자들의 일자리를 빼앗을 것이기 때문에 그러한 부의 편중을 해결할 방법이 필요하다고 말한다. 그의 말대로 앞으로의 인류는 부의 편중을 해결하기 위한 고도의 갈등 조율 능력을 갖추어야 한다. 그는 2014년 12월 방영된 KBS 특선다큐 『미래를 창업하라』에서 "기술이 천천히 발전한다면 새로운 기술을 배우고 적응할 여유가 있다. 하지만 기술 발전이 매우 빠를 때 그 영향력은 가히 파괴적이어서 사람들은 직업을 잃게 될 것이고 새로운 기술을 배울 시간이 없을 것이며 사회에 쓸모없는 존재가 된다. 우리가 직면한 가장 큰 문제는 이런 기술 발달에 가속도가 붙었다는 것"이라고 말했다.

오늘날 컴퓨터 네트워크의 급속한 발전과 데이터의 폭발적인 증가와 수집이 가능해지면서 인공지능은 인간이 풀기 힘든 문제를 쉽게 풀어 낼 수 있게 되었다. 기술 발전은 자본이 있는 소수에게 돈을 벌 수 있는 더 큰 기회를 주는 반면, 가진 것이 노동력뿐인 사람을 밀어낼 것이기 때문에 사회적 갈등이 극도로 심해질 것이다. 그러한 갈등은 지식이나 정보를 제공하는 것만으로는 해결할 수가 없다. 제한된 자원과 일자리 때문에 일어나는 갈등을 건강하게 조율하려면, 사람들의 말과 행동에 숨어있는 욕구를 정확하게 해석하여 소통하고 조율하는 능력을 길러야 한다. 그리고 그러한 능력은 인간의 마음을 읽는 독서 능력을 키워야만 얻을 수 있다.

⑥ 균형 회복 능력 갖추기

인간은 항상 균형을 유지하고 싶어한다. 균형은 생리적, 정서적, 정신적인 것을 포함하여 모든 것이 만족스럽고 편안하게 조율된 상태를 의미한다. 인생은 균형과 불균형 사이를 왔다 갔다 하며 겪은 이야기가 모여 이루어지는데, 누가 어떻게 해야 한다고 가르쳐 주지 않아도 배가 고프면 음식을 먹고, 목이 마르면 물을 마시며, 추우면 옷을 더 입으려고 한다. 심지어 태아도 감각을 느낄 수 있을 때부터 외부의 자극에 반응하며 균형을 회복하기 위해 노력한다. 우리 삶에서 균형의 상실 또는 회복과 관련없이 발생하는 일은 단 하나도 존재하지 않는다. 그만큼 균형 회복 능력을 유지하는 것이 중요하지만 또한 쉽지 않은 것이 사실이다.

균형의 원리에서 보면, 사람들이 살아가면서 다양한 문제들에 부딪치게 되는데 그 이유는 자연의 원리를 따르지 않기 때문이다. 자연은 정반대의 성질을 가진 두 개념이 서로 균형을 맞추는 원리를 따라 존재한다. 예를 들면, 세상의 최소 단위인 원자의 음(-)전하와 양(+)전하, 자석의 N극과 S극, 남자와 여자, 낮과 밤, 하늘과 땅, 하고 싶은 마음과 안 하고 싶은 마음, 규칙과 무규칙은 모두 정반대 방향으로 작용하는 힘이지만 서로 협력하여 균형을 맞춘다. 양자물리학에서는 이를 '상보성(complementarity)'이라고 하며 균형심리 독서에서는 이것을 '균형의 원리'라고 한다.

사람은 '먹고 싶은 에너지와 안 먹고 싶은 에너지'가 서로 협력하여 먹는 활동의 균형을 유지한다. 배가 고프면 '먹고 싶은 에너지'가 활성화되어 음식을 먹게 한다. 이 때 '안 먹고 싶은 에너지'는 쉬고 있다가 배가 차면 활동을 시작하여 더 이상 먹지 않도록 한다. 그러나 타인이 개입하여 '먹고 싶은 에너지와 안 먹고 싶은 에너지'의 상호 작용을 방해하면 두 에너지 사이의 균형이 깨지며, 방해받은 에너지가 신경 세포에 남아 저장된다. 이렇게 저장된 에너지를 '감정'이라고 부른다.

우리 삶에서 균형이 깨졌을 때 균형의 종류에 따라 여러 종류의 감정이 생긴다. 깨진 균형을 빠른 시간 내에 회복해 주면 감정이 풀리는데, 필요한 조치를 제 때 취해 주지 않으면 감정은 몸에 쌓여 남게 된다. 안타깝게도 인생은 균형이 회복될 일보다 깨질 일이 더 많이 발생하기에 대부분의 사람들이 감정을 쌓고 살아간다.

균형을 회복하지 못한 채 오랫동안 몸에 쌓여 있는 감정은, 외부의 자극에 갑작스럽고 무질서하게 과흥분됨으로써 처한 상황과 맞지 않는 신체 증상 또는 행동을 일으킨다. 또한 책을 읽는 방식, 문제를 해결하는 방식, 해석하는 방식, 갈등하는 방식에 영향을 미쳐 자신만의 패턴을 만들어 낸다. 패턴에 갇히지 않고 건강한 독서를 하기 위해서는 균형을 회복하는 능력을 갖추어야 한다. 패턴에 대해서는 2부에서 자세하게 설명할 것이다.

2

독서, 심리학을 만나다

5장

독서와 심리학

"독서에 성공하려면, 일상의 소소한 사건들에 숨어 있는 사람들의 욕구와 감정을 읽어 내어 의미의 차이를 발견하고 이해함으로써, 서로의 균형 회복에 가장 도움이 되는 방식을 찾아낼 수 있어야 한다."

- 본문 중에서

독서 능력에 차이가 생기는 이유

같은 책을 읽어도 어떤 사람은 책으로부터 도움을 얻고 어떤 사람은 도움을 얻지 못하는 경우가 있다. 이러한 차이는 개인의 독서 능력 때문에 발생하는데, 여기서 독서 능력이란 세상의 자료, 정보와 현상들이 지금 현재의 나와 어떻게 연결되는지 알아차리고, 자신의 삶과 연결하여 삶의 변화를 추구하고 실행하는 능력을 의미한다.

독서 능력이 있는 사람의 경우, 책을 읽고 감동을 받을 뿐 아니라 자신의 삶을 돌아보고 삶을 변화시켜 나간다. 그러나 독서 능력이 없는 사람의 경우, 책을 읽고 감동을 받았으나 삶과 연결하지 못하고 감동 그 자체로만 남겨 둔 채, 또 다른 감동을 찾아 나서기를 반복한다.

독서 능력은 지성 영역과 감성 영역으로 구분하여 정의할 수 있다. 지성 영역에서의 독서 능력은 문자와 정보를 접하고 이해하는데 필요한 관찰력, 학습력, 분석력, 판단력, 정보력, 사고력 등을 의미한다. 이 여섯 가지의 힘이 생길수록 편견 없이 보는 능력이 생긴다. 감성 영역에서의 독서 능력은 있는 그대로 느끼는 능력을 의미한다. 느끼는 능력이 중요한 이유는 느낄 수 있어야 자신의 필요와 상황을 정확하게 인지하고 그에 맞는 해석을 통해 적절한 행동을 취할 수 있기 때문이다. 사람들은 자신이 잘 느낀다고 생각하지만 실제로는 못 느끼거나 부분적으로만 느끼거나 아니면 과도하게 느끼는 경우가 많다.

우리는 사람들의 독서 능력에 차이가 있는 원인을 주로 개인의 지적 능력에서 찾으려고 하지만, 몸의 감각과 감정을 건강하게 느끼는 힘이 독서 능력을 결정하는 중요한 원인이라는 것에 대해서는 크게 신경쓰지 않는다. 사람들의 독서 능력이 향상되지 않는 이유는 독서에서 감성 능력을 제외하고 지적 능력만 중요하게 여기기 때문이다. 이제 감성 능력의 중요성을 강조하게 되자 사람들은 어떻게 해야 할 지 몰라 혼란스러워하고 있다.

뇌 과학과 심리학은 사람이 어린 시절에 다른 사람들과 어떻게 상호 작용했는가에 따라 세상을 인식하고 해석하는 능력에 차이가 생긴다고 한다. 부모와 정서 교류가 잘 이루어진 아이와 그렇지 못한 아이의 독서 능력은 아주 어릴 때부터 눈에 띄게 차이를 보인다. 그러한 차이는 책, 사람 및 세상을 읽고 해석하는 거의 모든 영역에서 발생한다.

아이가 자신의 마음을 표현했을 때 부모의 수용 여부에 따라 아이의 세상에 대한 인식은 서로 다르게 나타난다. 부모에게 공감받으며 성장한 아이의 경우에는 세상에 대해 긍정적으로 인식하지만, 그렇지 않은 아이는 세상에 대해 부정적으로 인식하고 해석한다. 이렇게 형성된 세상에 대한 인식은 감정이 쌓일수록 패턴화되어 세상을 읽고 해석하는 기준이 된다. 어떤 감정이 얼마만큼 쌓여 있느냐에 따라 좋아하는 책과 싫어하는 책이 결정되며 세상에 대한 해석이 달라진다.

예를 들어, 엄마가 "숙제하고 밥 먹어."라고 말했을 때, 엄마와의 쌓인 감정의 골이 깊지 않고 관계가 좋은 경우, 아이는 그 말이 있는 그대로 들려서 '숙제하고 나서 밥을 먹으라는 말이구나'로 해석이 된다. 하지만 어떤 아이는 '숙제'하라는 말만 듣고, 어떤 아이는 '밥 먹어'라는 말만 듣는다. 또 어떤 아이는 '숙제 안 하면 밥 못 먹는다'는 말로 듣고 또 어떤 아이는 '숙제한 후에 밥 챙겨 먹으라'는 말로 듣는다. 이것은 숙제에 대한 이전의 경험이 숙제와 관련된 새로운 경험에 대한 해석에 영향을 미친다는 것을 말해 준다. 즉 숙제 때문에 혼난 적이 있는 아이는 숙제에 불편한 감정이 쌓여 있기에 '숙제'하라는 엄마의 말에 예민하게 반응하고 긴장한다. 아이가 '숙제'라는 말에 과민 반응하느라 '밥 먹어'라는 말에 제대로 반응하지 못하는 것이다.

이렇게 다양한 반응이 나타나는 이유는, 쌓인 감정 때문에 생기는 고통을 통제하기 위하여 감각의 일부분을 차단하거나 예민하게 만들고, 이에 따라 인식의 사각지대가 생기거나 자극에 과민하게 반응하는 부작용이 나타나기 때문이다. 감각이 마비되어 인식을 못하면 실제 일어난 일을 일어나지 않은 일로 여겨 적절하게 대처하지 못한다. 감각을 느끼지 못하면, 보아도 보이지 않고 들어도 들리지 않으며 생각도 할 수 없게 된다. 생각할 수 없으면 정리할 수 없고 해석할 수 없게 된다. 또한 자극에 너무 과민하게 반응하면, 상황을 확대 해석하게 되어 과도한 행동을 하게 되는 것이다.

어린 시절의 경험이 독서 패턴을 형성한다

어린 시절에 형성된 감정이 패턴화되어 세상을 읽고 해석하는 기준이 되는데, 아래에 소개된 엄마와 두 자매의 사례를 통하여, 어렸을 때 쌓인 감정이 어떻게 패턴화되는지 그 과정을 따라가 보기로 하자.

엄마가 8살, 6살인 두 자매에게 과자 10개를 나눠 먹으라고 주었다. 공평하게 나눠먹기를 바라는 엄마의 기대와 달리 언니가 힘으로 동생을 누르고 6개를 먹었다. 그러자 4개만 먹은 동생이 2개만큼 억울함을 느꼈다. 그 다음날 엄마가 또 10개를 주었다. 동생은 언니와 공평해지기 위해 6개를 먹으려고 했다. 그런데 이번에도 언니가 6개를 먹었다. 동생은 이제 4개만큼 억울해졌고 울면서 언니에게 화를 냈다. 그러자 엄마가 "너희들은 왜 과자 가지고 싸우니? 엄마가 손해 본 만큼 채워줄 테니 싸우지 마."라고 말하며 동생에게 4개를 주었다. 엄마의 도움으로 언니와 동생이 먹은 과자의 개수는 같아졌다.

이때 동생의 마음은 여전히 풀리지 않았는데, 그것은 동생의 억울함은 엄마에 대한 것이 아니고 언니에 대한 것이기 때문이다. 동생은 과자를 채워 준 엄마에 대해 고마움을 느낄 수는 있다. 하지만 상처를 준 언니가 동생의 억울함을 풀어 주는 데 필요한 조치를 취하지 않았기 때문에 억울함은 그대로 남아 있다. 따라서 엄마의 노력은 동생의 마음을 잠시 위로했을지 몰라도 동생과 언니의 관계를 회복하는 데는 별 도움이 되지 못한다.

엄마는 그 다음 날에도 과자 10개를 주고 나눠 먹으라고 했다. 동생은 쌓인 억울함을 풀고 공평함을 회복하기 위해 9개를 먹으려고 했다. 그러나 언니는 또 6개를 먹었고 동생의 억울함은 더 커졌다.

동생의 상처는 점점 커졌다. 문제가 해결되지 않은 채 이런 상황이 1년 동안 계속 반복되었다. 그렇게 1년의 시간이 흐르자 동생은 과자 730(365x2)개만큼의 억울함이 쌓였다. 동생이 억울함을 풀기 위해서는 10개의 과자를 73일 동안 혼자서 다 먹어야 하는데, 그렇게 될 가능성은 거의 없었다. 이제 동생은 자신이 얼마나 억울하고 속상하고 화나는지 더 이상 계산하지 않게 되었다. 계산이 무의미할 뿐 아니라 계산하고 있으면 억울함, 짜증, 원망, 분노와 같은 감정들이 올라와 몸을 고통스럽게 만들었기 때문이다. 동생은 언니를 나쁜 사람으로 단정지어 버린다. 동생의 눈에 언니는 이제 무엇을 해도 나쁜 사람이다.

한편 아이들이 상처받는 상황이 계속될 때, 부모는 문제를 빨리 파악하고 균형 회복에 필요한 적절한 조치를 취해야 하지만 그것이 쉽지 않다. 부모도 아이들의 마음과 상황을 읽는 법을 배운 적이 없을 뿐만 아니라 두 아이 못지않게 상처받으며 컸고, 적절한 보살핌을 받지 못한 채 자라서, 왜곡된 상태로 부모가 되어 육아를 하기 때문이다. 개선되지 않는 불합리한 환경 속에서 시간은 흘러가고, 동생은 균형을 회복하기 위해서 또는 균형이 더 이상 깨지지 않도록 막기 위해서 다음과 같은 행동들을 하게 된다.

1. 욕구를 포기하고 원하는 마음을 없애 버려서 억울함을 느끼지 않는다.
2. 싸워서라도 자기 것을 지킨다.
3. 혼자 상대하기 버거우면 다른 아이들과 힘을 합쳐서 강한 사람에게 맞선다.
4. 더 이상 빼앗기지 않기 위해 다른 사람들의 접근을 차단하고 자기가 정한 어떤 것에만 집중한다.
5. 아예 모든 것을 포기한 채 사람들과의 관계를 단절하고 스스로 외톨이가 되는 방법들을 선택하며 살아간다.

사람들은 이러한 행동들 중에서 자신의 상처를 최소화하는데 가장 도움이 되는 방법을 선택하게 된다. 동생이 2번을 선택하였을 경우, 초등학교에 들어간 후에는 언니처럼 행동하는 상대를 만나면 싸우기를 주저하지 않는다. 동생은 "집에서 무시당한 것만으로도 화가 나는데 여기에서 또 무시를 당할 수는 없어, 이제 누구도 나를 무시하지 못하게 만들 거야."라고 결심하며 자기의 영역을 침범하거나 자기 것을 건드리는 사람에게 공격적으로 반응한다. 동생은 친구들이 허락 없이 자기의 물건을 만지거나, 줄 서 있는데 새치기를 한다거나, 자기에게 손해를 끼칠 어떤 행동을 하면 참지 못하게 된다.

그렇다면 언니는 어떨까? 우리는 언니의 사정도 잘 들여다보아야 한다. 언니는 학교 친구 관계에서 상처를 받아서 화가 났고, 이것을 동생의 과자를 빼앗음으로써 만회해 보려고 한 것이었다. 하지만 그렇게 한다고 해서 언니의 깨진 균형이 회복되는 것은 아니다. "종로에서 뺨 맞고 한강에 가서 눈을 흘긴다."는 속담이 있듯이, 언니가 화를 내야하는 대상은 동생이 아니기 때문에 여전히 화가 나고 속상하다.

사례에 등장한 언니처럼 우리들은 자신의 불균형을 회복하기 위해 다른 사람에게 상처를 주는 악순환을 반복하며 살아가기도 한다. 언니와 동생 사이에서 발생한 하나의 부당한 사건이 일으키는 내면의 상처와 불균형도 이렇게 큰데, 우리가 수많은 관계로부터 받는 마음의 상처는 얼마나 크겠는가. 더 안타까운 사실은 우리는 상처받고 있다는 사실조차 모르고 살아간다는 것이다.

우리는 깨진 균형을 회복하거나 견디기 위하여 각자 자신의 어린 시절이라는 사막을 건너며 겪게 된 '갈증'을 해소하는데 도움이 되는 것을 찾고자 애쓴다. 사람들이 그렇게 하면 안 된다고, 그리고 다른 중요한 것이 있다고 말해도 받아들이지 못하는 이유는, 그것이 본인이 수많은 사건을 겪으며 선택한 최선의 방법이기 때문이다.

목마름으로 고통받는 사람과 굶주림으로 고통받는 사람이 있다면, 목마른 사람에게는 물 이외의 그 어떤 것도 눈에 들어오지 않을 것이고 굶주린 사람에게는 먹을 것 이외의 그 어떤 것도 눈에 들어오지 않을 것이다. 두 사람은 각각 물과 음식을 찾는 것에 에너지를 사용할 것이고 자기가 원하는 것을 찾는 데 도움이 되는 것이라면 무엇이든지 옳다고 믿는다.

사람들은 고통으로부터 자신을 해방시켜 줄 수 있는 것, 그리고 자신의 균형 회복에 가장 필요하다고 여기는 것은 그게 무엇이든 옳다고 믿는다. 사람마다 겪는 문제가 다르니, 옳고 그름의 기준이 달라지는 것이 당연하다. 그러니 책을 읽을 때 관심 가는 영역이 다르고, 옳다고 믿는 부분이 다를 수밖에 없다. 사람이 보고 싶은 것만 보고 듣고 싶은 것만 듣는 것이 당연한 일이지만, 여기에서 해석의 문제가 발생한다. 각자의 해석은 자기 자신에게는 항상 옳지만 다른 사람에게는 대부분 옳지 않다. 그 이유는 각자 살아온 삶이 다르고 균형이 깨진 부분이 다르며 회복하는 방법이나 우선순위가 다르기 때문이다.

우리가 관계 속에서 갈등을 겪고 고통을 받는 이유는, 자신의 해석만 옳다고 주장하고 다른 사람의 해석은 틀리다고 여기기 때문이다. 따라서 독서에 성공하려면 서로 다르게 해석하는 데서 발생하는 갈등과 오해를 해결해야 한다. 그리고 그렇게 하려면 일상의 소소한 사건들에 숨어 있는 사람들의 욕구와 감정을 읽어 내어 의미의 차이를 발견하고 이해함으로써, 서로의 균형 회복에 가장 도움이 되는 방식을 찾아낼 수 있어야 한다.

독서, 심리학을 만나다

"독서란 저자가 전달하고자 하는 것을 독자가 그대로 읽어 내는 행위이다. 하지만 실제의 독서에서는 저자가 전달하고자 하는 것을 독자들은 언제나 다르게 읽어낸다. 책이 말하려고 하는 것과 독자가 이해하는 것의 일치가 불가능하다."

- 폴 드 만(Paul de Man), 『독서의 알레고리』

후기 구조주의 문학 이론가 폴드만에 의하면 완전한 독서는 불가능하며 거의 모든 상황에서 오독, 오해, 오인이 발생한다. 그런데 이러한 문제는 독서에 한정되지 않고 삶의 전 영역에서 나타난다. 왜냐하면 삶도 읽기의 연속이기 때문이다. 우리는 끊임없이 사람들의 눈빛, 표정 그리고 말을 읽고 해석하는 경우가 많다. 하지만 언제나 완결된 읽기에 도달하지 못하고 자기 마음대로 해석한다. 오독, 오해, 오인 때문에 발생하는 갈등이나 비극을 줄이기 위해서는, 독서에 대한 연구도 중요하지만 독서를 하는 '인간'에 대한 연구가 반드시 필요하다.

같은 책을 읽어도 사람마다 다르게 해석하는 이유는 사람들의 성격이 다르기 때문이다. 성격은 어떤 경험을 통해 어떤 감정을 쌓았느냐에 의해 형성되는데, 성격 형성이 안 된 갓 태어난 아기는 몸의 느낌을 통해서 의미를 정한다. 몸의 느낌과 감정을 자유롭게 소통하는 이상적인 환경에서 성장한 아기는 몸에서 생성된 느낌과 감정을 남김없이 표현하지만, 느낌과 감정을 자유롭게 소통할 수 없는 환경에서 성장한 아기는 그것을 다 표현하지 못한다.

표현하지 못한 느낌과 감정은 차곡차곡 몸에 쌓이기 시작하고, 쌓인 감정은 몸의 근육과 신경에 자극을 주어 고통을 느끼게 한다. 이때 고통을 느끼지 않으려고 감정을 차단하는 자기만의 방식을 만들어 내는데, 그렇게 만들어진 방식이 굳어져 세상을 바라보는 방식, 즉 해석 패턴으로 굳어지고 또한 독서 패턴을 형성하게 되는 것이다. 이처럼 인간이 성장하면서 경험하는 심리적인 요인들이 세상을 해석하는 기준을 형성한다.

인간이 건강한 의사 결정 능력과 통찰력을 회복하기 위해서는 자신의 독서 패턴을 보아야 한다. 자신의 패턴을 모르는 상태에서 책을 읽으면 왜곡된 독서 패턴이 더 강화될 수 있기 때문이다. 자신의 패턴을 파악하면 자신이 어떤 부분을 건강하게 해석하고, 어떤 부분을 왜곡하여 해석하는지 그리고 어떤 부분은 보지만 어떤 부분을 보지 못하고 있는지 알 수 있다. 자신의 패턴에 대한 이해를 바탕으로 하는 독서는 자신의 인생에 필요한 지혜를 골고루 흡수하고 내면화하는 힘을 키워 준다.

욕구와 관계가 독서 패턴을 결정한다

우리는 이성적이고 합리적으로 책과 세상을 읽는다고 생각하지만 어쩌면 그렇지 않을 수도 있다. 우리가 세상을 읽는 방식은 살면서 얻은 경험들에 의해 형성된 방식이기 때문이다. 그것이 책에 적용되어 나타난 것이 독서 패턴이다. 독서 패턴은 외부로부터 들어오는 지식과 정보 중에서 자신의 패턴에 거슬리는 것은 무시하고, 무시할 수 없는 것은 자신의 패턴에 맞게 변형시킴으로써 패턴을 더 강화시키게 된다. 이러한 과정은 거의 무의식적으로 일어나기 때문에 알아차리지 못하는 경우가 많다. 만약 우리가 자신의 독서 패턴에 갇히지 않고 건강한 해석과 상호 작용을 하기 위해서는 자신의 독서 패턴이 어떤 모습인지 그리고 얼마만큼 굳어져 있는지 알아낼 필요가 있다.

이 세상은 패턴으로 가득하다. 태양이 뜨고 지는 것, 버스와 전철의 운행 스케줄 그리고 인간의 성격 등은 모두 패턴의 한 유형이다. 사람도 처한 환경에 가장 효율적으로 적응하기 위해 자기만의 삶의 방식을 만든다. 패턴이 없으면 세상은 혼란에 빠지며, 패턴을 파악하면 예측 가능한 삶을 살아갈 수 있다. 패턴은 사람의 신념, 해석, 선택, 독서 방식 그리고 행동에 절대적인 영향력을 행사한다.

패턴은 우리 삶에 꼭 필요하지만, 패턴에 갇혀 경직된 삶을 살아간다면 세상의 변화를 다양하고 유연하게 볼 수 없기 때문에, 삶에 주어지는 많은 좋은 기회들을 놓치게 된다. 건강한 독서를 하기 위해서는, 자신의 독서 패턴이 어떤 과정을 거쳐 형성되었는지 파악해야 하며,

왜곡된 해석을 하게 만드는 독서 패턴으로부터 회복되어야 한다.

한 사람의 독서 패턴은 그 사람의 인생 이야기를 통해 파악할 수 있다. 인생은 이야기가 모여 만들어지기 때문이다. 이야기는 '누구와 무엇을 하다'로 이루어져 있다. 여기에서 이야기의 구성 요소에 해당하는 것은 '누구, 무엇, 하다'인데, '누구'는 '관계'를 의미하고 '하다'는 '욕구'를 의미하며 '무엇'은 욕구와 관계를 이어 주는 '도구'를 의미한다. 그중 도구는 가치중립적이어서 이야기의 건강함에 직접 영향을 주지 않기 때문에 제외해도 된다. 따라서 한 사람의 인생은 '욕구'와 '관계'라는 두 가지 핵심 요소에 의해 결정된다는 것을 알 수 있다.

욕구와 관계는 물리적인 원리에 따라 설명할 수 있다. 만물은 음(-)전하와 양(+)전하가 짝을 이루듯, 정반대의 성질을 가진 두 가지가 함께 균형을 맞추는 원리로 운영되고 있다. 욕구도 그런 원리에 따라 원하도록 만드는 집착과 원하는 것을 내려놓게 만드는 포기의 두 모습을 가진다. 관계도 마찬가지로 서로 함께하려는 밀착과 서로 떨어져 독립적으로 있으려는 단절의 두 모습을 가진다. 균형심리학에서는 이것을 각각 '욕구집착', '욕구포기', '관계밀착', '관계단절'이라고 부른다.

우리 몸 안에서 두 에너지의 상호 작용이 방해받지 않으면 왜곡이 일어나지 않는다. 그러나 외부에서 강제로 하게 하거나 하지 못하게 막으면, 두 에너지 중에서 사용하지 못한 에너지가 몸에 쌓이게 된다. 에너지가 쌓이면 집착과 포기, 밀착과 단절의 양면을 자유롭게 사용하지 못하고 감정이 많이 쌓인 쪽으로 치우쳐 살아가게 되는데 그것이 곧 패턴이 된다.

어떤 종류의 감정이 쌓여 있는가에 따라 집착, 포기, 밀착, 단절은 조합을 통해 '집착밀착', '집착단절', '포기밀착', '포기단절'의 네 가지 유형의 성격 패턴을 형성하게 된다. 이렇게 형성된 성격 패턴은 세상을 읽고 해석하는 기준이 되며 곧 독서 패턴과 일치한다. 독서 패턴은 세상과 책을 해석하는 방식을 결정하기 때문에, 독서 패턴에서 자유로워질수록 책과 세상을 상황에 알맞게 건강하게 해석할 수 있고, 해석의 차이 때문에 발생하는 다른 사람과의 갈등도 건강하게 조율할 수 있게 된다.

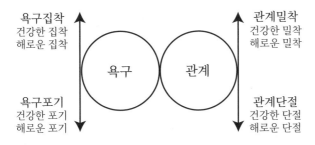

< 인생의 두 기둥 : 욕구와 관계 >

욕구

욕구의 건강함은 욕구의 양면성인 '집착'과 '포기'를 주고받을 수 있는 자유로움이 있는가의 여부에 의해 결정된다. 만약 아이가 욕구를 존중받는 건강한 환경에서 성장한다면 부모와 갈등이 일어나더라도 집착과 포기를 건강하게 주고받으며 조율하는 능력을 얻게 된다.

• 욕구집착

욕구집착을 선택한 아이는 어릴 때 강제로 욕구를 포기당한 것에 대한 억울함과 분노의 감정이 많이 쌓여 있어서 열정적이고 주도적이고 창의적이지만, 이기적이고 충동적이며 억지를 부린다. 억울함과 분노에 사무쳐 있기 때문에 기회나 권리를 빼앗기는 상황에 과도하게 민감하게 반응한다. 이런 아이는 경제적으로 부모를 의지할 수밖에 없는 기간 동안에는 억지로 포기의 모습을 보이며 참고 지내지만, 내면에서는 자신의 욕구를 포기하지 않고 때를 기다리며 기회가 오면 무의식적으로 과거에 손해 보았던 것까지 회복하려고 노력한다. 욕구집착을 선택한 경우, 자기의 권리나 주장에 집착해야 할 때는 잘하는데 포기할 힘이 없어서 양보하지 못해 문제가 생긴다. 이 패턴을 가진 사람들은 자신의 패턴을 옳은 것으로 여길 뿐 아니라 타인에게 강요한다.

• 욕구포기

욕구포기를 선택한 아이는 욕구를 표현했다가 고통을 크게 느껴야 했던 경험 때문에, 무서움, 죄책감, 공포의 감정이 많이 쌓여 있어서 착하고 근면하고 협동적이지만 소심하고 겁이 많고 위험을 과도하게 회피한다. 욕구포기는 갈등의 순간에 쌓여 있는 감정에 압도되어 자기의 경계선을 지키지 못하고 다른 사람의 뜻에 맞춰 주고 양보한다. 그리고 그것이 패턴처럼 굳어진 아이는 스스로 자신의 욕구를 무시하게 되며 자존감을 함께 잃어버린다. 나중에는 자신이 진정으로 무엇을 원하는지조차 알지 못하며 다른 사람의 말을 받아들이고 세상에 맞추어 산다. 욕구포기를 선택한 경우, 자기의 권리나 주장을 포기하고 양보해야 할 때는 잘하는데 집착할 힘이 없어서 자기를 지키지 못할 때 문제가 생긴다.

관계

인간은 혼자서는 살 수 없는 존재이기 때문에 관계 속에서 하나가 되기도 하고 때로는 독립적으로 살아가기도 한다. 밀착은 하나가 되기 위한 행동이고, 단절은 온전히 독립되어 있는 상태를 유지하기 위한 행동이다. 만약 아이가 밀착과 단절을 모두 사용하는 건강한 환경에서 성장한다면 관계 속에서 밀착과 단절을 건강하게 주고받을 수 있는 능력을 얻게 된다. 그러나 어린 시절 밀착하고 싶었는데 할 수 없었거나 자기의 영역과 자율성을 지키지 못하고 침범당해 극도의 고통을 반복적으로 경험했다면 밀착과 단절 중 어느 한 쪽만 선택하게 된다.

• 관계밀착

마땅히 받아야 할 사랑과 관심을 받지 못한 것에 대한 서러움, 외로움 및 허전한 감정이 많이 쌓여 있어서 따뜻하고 희생적이고 정이 많지만 간섭과 통제가 심하고 경계를 침범할 가능성이 있다. 외로운 감정에 사무쳐 있어서 밀착할 대상을 찾아 꼭 붙어 있고 싶어한다. 밀착 패턴의 경우는, 혼자 있는 것을 싫어하고 무서워하며 소외당할까봐 과도하게 불안해한다. 대개 아주 중요한 사람과의 관계에서 갈등이 생기면 관계가 단절될까 두려워 자신의 욕구를 표현하지 못하고 참는다. 이런 상황에서는 욕구집착의 패턴을 가진 사람도 마치 욕구포기의 패턴처럼 행동한다. 관계밀착 패턴은 사람에게 밀착해야 할 때는 잘 하는데 단절할 힘이 없기 때문에 단절하지 못하는 데서 문제가 발생한다.

• 관계단절

과도한 간섭이나 독립성을 침해하는 부당한 행위 및 무시당해서 고통받으며 느꼈던 구차함과 덧없음이 많이 쌓여 있어서, 논리적이고 분석적이고 독립적이지만 무심하고 차갑고 현실 회피적이다. 휘둘리는 것에 대한 거부감이 크고 구차한 감정에 사무쳐 있어서 관계를 구걸하는 느낌을 느끼느니, 차라리 관계를 거부하고 혼자 다른 활동을 하는 것으로 고통을 견디면서 인생은 혼자라고 생각하며 살아간다. 다른 사람에 대해서 신경쓰지 않고 자기 세계에 빠져 있으며 관계에 대한 기대가 없기 때문에, 일로써 사람에게 접근하고 갈등이 생기면 관계를 단절하는 방식으로 해결하려고 한다. 평상시에는 그럭저럭 어울리지만 관계에 지나치게 얽히는 것을 싫어하고 필요 이상으로 어울리면 몹시 피곤해한다. 관계단절을 선택한 경우, 사람과 단절해야 할 때는 잘하는데 밀착할 힘이 없기 때문에 밀착하지 못해서 문제가 된다.

패턴에 따른 해석의 차이

위의 네 가지 패턴을 가진 사람들은 책을 읽을 때 각각 자신의 핵심 이슈에 따라 아래의 네 가지 유형의 독서를 한다. 같은 내용의 책을 읽더라도 집착 패턴은 억울함을 풀기 위해 빼앗겼던 것을 회복하려는 관점에서 책을 보기 때문에 모험(성취) 지향적 독서를 한다. 반면에 포기 패턴은 자기의 욕구와 감정을 표현했다가 고통을 받은 경험 때문에 갈등이 발생하지 않도록 안전 지향적인 독서를 한다. 밀착 패턴은 외로움으로 너무 고통을 받았기 때문에 외롭게 홀로 남겨지지 않기 위해 관계 지향적 독서를 한다. 마지막으로 단절 패턴은 관계에서의 구차함을 느끼지 않기 위해 독립적으로 생각에 집중하는 원리 탐색적 독서를 한다.

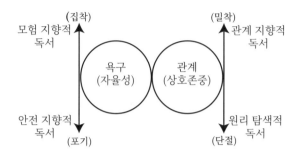

< 네 가지 유형의 독서 패턴 >

사람들은 욕구의 집착과 포기 중 하나를 선택하고 관계의 밀착과 단절 중 하나를 선택하여 자신의 삶을 만들어 나가는데, 이것은 크게 네 가지 조합으로 나눌 수 있다.

집착밀착 : '모험(성취) 지향적 + 관계 지향적' 독서

집착단절 : '모험(성취) 지향적 + 원리 탐색적' 독서

포기밀착 : '안전 지향적 + 관계 지향적' 독서

포기단절 : '안전 지향적 + 원리 탐색적' 독서

독서 패턴은 편안한 일상 속에서는 잘 드러나지 않다가 문제가 생기면 작동을 시작하여 우리의 생각과 행동을 통제한다. 이는 마치 일상이 만족스럽고 걱정 근심이 없을 때에는 신경쓰지 않고 편안하게 지

내다가 배가 고파지면 온통 먹을 것을 찾는 데만 신경을 쓰게 되는 것과 같다.

자기 것을 지킬 수 없어서 억울했던 집착의 경우에는 손해를 회복하고 영역을 확장하는 데 필요한 지식과 정보에 집중하고, 자기의 욕구를 드러냈다가 비난을 받아 무서움과 죄책감의 고통을 당한 포기의 경우에는 그런 감정을 느끼지 않도록 도와주는 지식과 정보에 집중한다. 또한 관계적인 측면에서, 수용과 애착을 받지 못하여 고통을 받았던 밀착의 경우에는 수용과 보살핌을 얻도록 도움을 주는 지식과 정보에 집중하고, 간섭과 속박을 당하며 고통을 느꼈던 단절의 경우에는 다른 사람의 간섭이나 침범으로부터 자기를 지킬 수 있는 지식과 정보에 집중한다.

우리의 뇌는 자기의 필요를 채우는데 최적화된 방식으로 정보를 코딩하여 저장한다. 이와 같이 책이나 글들 속에 있는 단어와 문장에 대한 해석에서도 이와 같은 방식으로 해석하게 된다.

예를 들면, 우리가 흔히 사용하는 자식에 대한 '사랑'이라는 단어에 대해서 여러 가지 다양한 해석이 가능하다는 것이다. 독서 패턴은 욕구와 관계의 패턴에 의해 결정되는데, 그렇다면 패턴은 또 어떻게 해석하는지 자식에 대한 '사랑'을 예로 들어 보자. 우선 욕구집착의 경우 자식에 대한 사랑은 아이의 기회와 권리를 지켜 주는 것이고, 욕구포기의 경우는 자신의 욕구를 포기하고 아이를 위해 희생하는 것이다. 관계밀착의 경우 자식에 대한 사랑은 아이와 함께해 주는 것이며, 관계단절의 경우는 아이에게 자유를 주고 간섭을 최소화하는 것이다.

이러한 해석들은 양면성을 가지고 있다. 아이가 원할 때 그렇게 해 주는 것은 긍정적으로 작용하지만, 원하지 않는데도 강제로 해 주는 것은 각각 지나친 간섭, 지나친 희생, 지나친 조종, 지나친 방임으로 나타날 수 있기 때문이다. 다음에는 '인내'와 '자유'에 대해 패턴별로 어떻게 의미가 다르게 해석되는지 살펴보기로 하자.

'인내'
욕구집착 : 원하는 것을 얻을 때까지 포기하지 않고 시도하는 것
욕구포기 : 요구하지 않고 양보하며 참는 것
관계밀착 : 힘든 상황에서도 보살펴 주고 함께해 주는 것
관계단절 : 힘들지만 상대방을 귀찮게 하지 않고 혼자 기다리는 것

'자유'
욕구집착 : 마음껏 도전하고 원하는 것을 제한 없이 하는 것
욕구포기 : 갈등과 위험이 없이 안전하고 편안한 상태
관계밀착 : 자신이 원하는 것을 사람들과 더불어 하는 것
관계단절 : 간섭과 통제 없이 자신이 원하는 방식대로 하는 것

우리가 자기 자신의 해석 패턴에 대해서 고민해 보아야 하는 이유는 자신의 해석이 행복과 불행을 결정하기 때문이다. 제 아무리 큰 꿈을 꾸고 열심히 노력하며 좋은 책을 많이 읽어도 자신의 해석 패턴에 갇혀서 세상을 왜곡되게 해석한다면 그 모든 노력이 헛수고가 될 수

있다. 반면 자신과 다른 사람의 해석 패턴을 이해하고, 서로의 해석이 어떻게 차이나는지를 찾아내어 의미를 확장하고 조율할 수 있다면, 어떤 책을 읽어도 보물을 건져낼 수 있다. 많은 사람들이 아직도 좋은 책을 많이 읽기만 하면 성공으로 안내해 주는 어떤 비법을 얻을 수 있다고 생각한다. 여러분은 아직도 그 생각에 동의하시는가?

성격 유형에 따른 독서 패턴

이 세상 모든 것은 균형을 유지하고 싶어하지만 어쩔 수 없이 균형이 깨져 왜곡과 고통을 경험하게 된다. 균형심리학은 사람이 균형이 깨졌을 때 어떤 문제를 겪게 되며 어떻게 불균형을 극복할 수 있는지를 다룬다. 균형은 육체적, 정서적, 정신적으로 부족함이나 과함이 없는 편안한 상태를 말한다. 인간의 모든 행동은 균형을 유지하기 위한 것이기 때문에 배가 고프면 음식을 먹고 목이 마르면 물을 마신다. 그런데 정상적으로 균형을 맞출 수 없는 경우에는 대체물을 활용하여 가짜 균형이라도 맞추려고 한다. 갈증을 해소할 물이 없다면 다른 액체라도 마셔야 하는 것처럼 말이다.

균형심리 이론은 인생의 두 기둥인 욕구와 관계의 균형이 어떻게 깨지는지, 균형 회복을 위하여 무엇을 해야 하는지를 가장 중요하게 다룬다. 특히 욕구와 감정의 역할에 대한 이론 체계와 치료 기법을 확립하여, 몸 안에 갇혀 있으면서 삶을 왜곡시키는 쌓인 감정을 효과적으로 풀어 주어 건강함을 회복하게 한다. 균형심리 이론은 욕구의 집착과 포기, 관계의 밀착과 단절을 조합하여 네 가지 유형의 성격 패턴 이론을 제시한다. 성격 패턴은 독서 패턴을 결정하기 때문에 독서 패턴과 동일하게 볼 수 있다.

다음은 네 가지 유형의 성격 패턴을 도표화한 것이다.

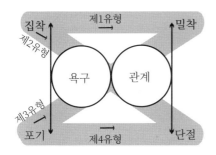

제1 유형 : 욕구집착 + 관계밀착
제2 유형 : 욕구집착 + 관계단절
제3 유형 : 욕구포기 + 관계밀착
제4 유형 : 욕구포기 + 관계단절

< 네 가지 성격 패턴의 유형 >

네 가지 유형의 독서 패턴은 같은 텍스트에 대해서 각기 다른 관점에서 해석하기 때문에 문제에 대한 해법도 다르게 제시한다. 사람들은 어린 시절의 경험 때문에 네 가지 유형의 패턴 중 하나를 선택하여 살다가 점차 자신의 패턴을 극복하고 해석의 유연성을 넓혀가기도 한다.

다음에 소개되는 글들 속에서 그러한 경우들을 볼 수 있는데, 이들은 어린 시절 경험한 역경이나 상처에 압도되지 않고 성장하기 위해 노력했으며 인간과 세상에 대해 깊이 이해하기 위해 애쓰신 분들이다. 그러나 우리 자신을 포함하여 우리 주변에는 자신의 패턴에 갇혀서 자신의 해석만이 옳다고 주장하며 이를 타인에게 강요하는 삶을 살아가는 사람들이 많은 것도 사실이다.

'인생을 어떻게 살아야 하는가?'에 대한 질문에 대한 다음의 네 가지 유형의 성격 패턴은 각각 다른 답을 제시한다.

제1 유형 : 집착밀착(모험 · 관계 지향적 독서)

제1 유형에 해당하는 것은 『지도 밖으로 행군하라』의 저자 한비야 씨와 『로봇 박사 데니스 홍의 꿈 설계도』의 저자 데니스 홍 박사의 어록에서 찾아볼 수 있다. 두 사람의 어록을 보면 주로 욕구집착과 관계밀착에 해당하는 내용들을 발견할 수 있다.

"원하는 것을 얻으려면 꿈을 꾸고 사람들을 만나라. 문제가 생겨도 두려워 말고 도전하라. 어려움이 많지만 할 수 있다. 기적은 일어난다."

- 한비야

"낙타로 태어났다면 사막으로 가서 도전하라. 호랑이로 태어났다면 숲으로 가서 도전하라. 숲으로 간 낙타와 사막으로 간 호랑이는 자기

꿈을 찾을 수 없다. 무엇을 먹고 살까 걱정하지 마라. 그 걱정조차 넘어설 만큼 간절히 원하는 일에 도전하라."

- 한비야

"초심을 잃으면 '실수'하기 쉽고 실수가 잦으면 신뢰가 사라지며 신뢰가 무너지면 함께할 이유가 없다. 뒤돌아볼 때 내게 최악의 절망감과 상처를 준 3년 전의 그 시련과 위기는, 결국은 내 인생에 꼭 필요한 일이었다고 이제 와서 생각해 본다. 너무 잘 나갈 때, 자만하지 않도록 겸허함을 가르쳐 주었고, 복잡한 위기의 상황을 꿰뚫어 볼 수 있는 통찰력이 생겼고 앞으로 또 언젠가 다가올 시련을 직시할 수 있는 용기를 얻었다. 커다란 시련은 그 누구도 원하는 것은 아니지만 더 크기 위해 겪어야만 하는 것인 듯싶다."

- 데니스 홍(Dennis Hong)

제1 유형은 사람을 좋아하고 갈등이나 장애물을 두려워하지 않고 길이 없는 곳에서도 길을 만든다. 사람들을 설득하여 꿈을 불어넣고 불가능하다고 여기는 일에 도전하여 기적을 만들어 낸다. 세계는 하나라고 외치며 함께 성취하고 바꿔 나가자고 한다. 그러나 이 유형의 사람들이 집착밀착의 독서 패턴에 갇히게 되면, 세상을 자기중심적으로 바라보며 자기의 욕구를 위해 다른 사람을 희생시킬 수가 있다. 권력에 대한 의지가 강하며 자기의 영향력 안에 있는 사람들은 가족처럼 보살펴 주지만, 경계를 인정하지 않고 침범하거나 참견하려는 모습이 나타나기도 한다.

제2 유형 : 집착단절(모험 · 원리 탐색적 독서)

제2 유형은 『흔들리는 30대를 위한 언니의 독설』의 저자인 김미경 씨, 『강신주의 감정 수업』의 저자인 강신주 씨, 스티브 잡스(Elon Musk) 그리고 앨론 머스크(Elon Musk)의 어록에서 발견된다. 이들의 말이나 글에서 볼 수 있는 욕구집착, 관계단절과 관련된 이야기는 다음과 같다.

> *"다른 사람 신경쓰지 말고 자신이 원하는 것을 찾아 그것에만 집중해라. 남 탓하지 마라. 남을 믿지도 마라. 못해도 니가 못하는 거고 잘해도 니가 잘하는 거다."*
>
> *- 김미경*

> *"노예가, 다른 게 노예가 아닙니다. 내가 내 뜻대로 못 살면 그게 노예입니다...... 우리는 스스로 선택하는 삶을 삶아야 합니다. 나는 나니까요. 이것이 인문정신입니다."*
>
> *- 강신주*

> *"힐링은 결국 '위로'에 다름 아닌데, 그렇게 달콤한 위로는 세상의 험한 벽을 넘지 못한다. 본질적인 것을 가르치지 못하는 미봉책일 뿐이다."*
>
> *- 강신주*

> *"해군이 될 바에는 해적이 되겠다."*　　　　*- 스티브 잡스*

제2 유형은 다른 사람 신경쓰지 않고 자기 할 일에 집중하려고 한다. 이 사람들은 다른 사람들이 무엇이라고 말하든 자기 우물을 깊이 파는 사람들이다. 사람들의 간섭이나 경계선 침범을 싫어하며 굴복하지 않으려고 하기 때문에 영역을 침범당할 때는 갈등과 단절, 투쟁을 불사한다. 복잡한 관계에 얽히려하지 않기 때문에 일이나 말에 있어서 쉽게 결단을 내리고 명쾌하게 판단하는 장점이 있다. 그래서 한 가지 일에 깊이 집중하면 크게 성공할 가능성이 높다. 그러나 이 유형의 사람들이 집착단절의 독서 패턴에 갇히게 되면, 자기 방식만 고집하고 다른 해석과 접근 방법을 인정하지 않으려고 하는 특징을 보인다. 또한 자기에게 동조하지 않는 사람들에게 관심이 없고 독불장군처럼 행동하기 때문에 주변에 적이 많으며 외롭기도 하다. 이 유형의 사람들이 자신의 욕구를 지킬 것이냐 아니면 타인과의 관계를 선택할 것이냐의 기로에 서면 의심의 여지없이 자신의 욕구를 선택한다.

제3 유형 : 포기밀착(안전 · 관계 지향적 독서)

제3 유형에 속하는 대표적인 인물로는 마더 테레사(Mother Theresa)와 교회, 절 및 봉사 단체에서 섬기는 다수의 헌신적인 봉사자들이 여기에 해당한다. 이 분들의 어록에는 다음과 같은 이야기들이 있다.

"사람들이 서로 싸우고 자기 하고 싶은 대로만 하면 이 세상이 어떻게 되겠어요! 그러니 누군가는 끝까지 참고 자리를 지켜야 합니다. 그럼 이 세상이 더 아름다운 세상이 됩니다. 그게 보람이지요."

- 작자 미상

"아프도록 사랑하면 아픔은 없고 더 큰 사랑만 있다."

- 마더 테레사

"그래도 사랑하라. 사람들은 불합리적이고 자기중심적이고 비논리적이나 그래도 사랑하라. 당신이 선한 일을 하면 이기적인 동기에서 하는 것이라고 비난받을 수 있다. 그래도 좋은 일을 하라. 당신이 성실하면 거짓된 친구들과 참된 적을 만날 수 있다. 그래도 성실하라. 당신이 선한 일을 하면 내 일은 잊혀질 것이다. 그래도 선을 행하라. 당신이 정직하고 솔직하면 상처받을 것이다. 그래도 정직하고 솔직하라. 당신이 여러 해 동안 만든 것이 하룻밤에 무너질지도 모른다. 그래도 만들라. 사람들은 도움이 필요하면서도 도와주면 공격할지 모른다. 그래도 도와줘라. 세상에서 가장 좋은 것을 주면 당신은 발길로 채인다. 그래도 가진 것 중에서 가장 좋은 것을 주어라."

- 마더 테레사

제3 유형은 어린 시절에 사람들의 이기적인 행동 그리고 관계에서의 소외로 인한 고통을 깊이 경험했기 때문에, 자기만 아는 이기적인 사람이 되는 것을 싫어하며 사랑하는 사람들과 단절되지 않기 위해 노력한다. 그리고 그런 상태에 처한 사람들에 대해서 연민을 느끼고 함께해 주려고 한다. 이 사람들은 자신이 손해를 볼지라도 다른 사람들을 위해 봉사하고 헌신하는 것을 가치있게 여기며, 이름 없이 빈자리를 메워주는 역할을 한다. 이들은 다른 사람들이 알아주든 몰라주든 끝까지 참고 성실하게 살고 싶어한다. 그러나 이 유형의 사람들이 포기밀착의 독서 패턴에 갇히게 되면, 다른 사람을 위해 희생하는 삶을 살 수는 있으나 자기 자신을 잃어버리는 삶을 살아갈 수도 있다.

제4 유형 : 포기단절(안전 · 원리 탐색적 독서)

제4 유형에 속하는 대표적인 인물로는 『멈추면 비로소 보이는 것들』의 저자인 혜민 스님, 『무소유』의 저자인 법정 스님, 법륜 스님이 있다. 이 분들의 어록에 나타난 포기단절 유형의 내용들을 살펴보자.

"누가 내 욕을 하면 가장 현명한 방법은 나를 팍 낮추는 거예요. 내가 30초만 존심 버리고 팍 낮추어서 아이고 죄송합니다, 하면 그 다음은 없어요. 그런데 왜 그러냐고 따지면 꼬리에 꼬리를 물고 싸우면서 마음 고생합니다."

- 혜민 스님

"인생은 그냥 사는 겁니다. 왜 사는지 이유가 없습니다. 그러니 그렇게 고민할 가치가 없습니다. 가볍게 그냥 살면 됩니다. 인생은 아주

단순합니다. 그런데 세상이 복잡하고 인생이 복잡한 것처럼 느껴지는 이유는 욕심 때문에 복잡해져서 그렇습니다."

- 법륜 스님

"사람이 스트레스를 받는 이유는 서로가 입장 차이를 인정하지 않고 자기의 입장만 옳다고 하기 때문입니다. 다름을 인정하면 됩니다. 내가 옳다는 고집을 내려놓으면 됩니다. 결국 내가 나에게 사로잡히는 것이 문제입니다."

- 법륜 스님

제4 유형은 사람들이 자신의 욕구를 채우기 위해 다른 사람에게 아픔을 주는 행동을 보며 느꼈던 고통 그리고 관계 속에서 타인의 지나친 간섭과 통제로 자신을 잃어버리며 느꼈던 고통 때문에, 욕구에 집착하지 않고 관계의 얽힘에서 벗어나는 것을 중요하게 생각한다. 이 유형의 사람들은 "너무 집착하고 매달려봐야 상처만 받으니 내려놓고 떠나라. 놔두고 상관하지 말아야 한다."고 말하면서 얽히지 않으려고 거리를 두고 보기 때문에 통찰력이 뛰어나다. 그러나 이 유형의 사람들이 포기단절의 독서 패턴에 갇히게 되면, 관계의 바깥에 있으려고 하기 때문에 이야기가 만들어지지 않으며 자기 자신의 삶을 살지 못하게 된다. 그리고 벗어날 수 없는 관계에서는 오히려 건강하게 대응하지 못해 끌려 다니기도 한다.

네 가지 유형의 통합이 필요하다

위의 네 가지 유형의 독서 패턴은 각각 따로 떼어 놓고 보면 모두 다 이해가 되는 것이며 패턴이 형성될 수밖에 없는 이유들이 있다. 그러나 네 가지 독서 패턴이 우리 인생의 구체적인 문제에 대한 해결책이 될 가능성은 각각 1/4밖에 되지 않을 뿐만 아니라 조건과 상황에 따라 결과는 달라질 수 있다. 패턴에 갇혀 네 가지 중 한 가지 해석과 해결책에만 매달리게 된다면 문제를 풀 수 없을 뿐 아니라 불행을 초래하게 될 수도 있다는 사실을 우리는 기억해야 한다.

인생이 편안할 때는 사람들의 독서 패턴이 잘 드러나지 않는다. 사람들은 평상시에는 다양한 의견이나 극단적으로 보이는 논점도 잘 수용한다. 그렇기에 모두 성숙한 사람들처럼 보이고 일을 같이 해도 다 잘될 것처럼 생각한다. 그러나 함께 일을 시작한 후 문제가 발생하면 차이를 수용하던 사람들의 태도가 달라지고 그 사람 자신의 독서 패턴이 수면 위로 올라온다. 첨예한 갈등이 일어나면 사람들은 자기도 모르게 자신의 독서 패턴대로 행동하게 된다. 자신의 독서 패턴에서 벗어나 해석의 영역을 확장하기 위해서는, 갈등 상황에서 드러나는 자신의 독서 패턴을 인식하고 패턴을 치유하고 확장하기 위한 조치를 취해야 한다.

사람들이 독서 토론을 할 때, 갈등이 없는 평상시에는 서로 어떤 말을 해도 받아주고 격려하며 많은 것을 배웠다는 감사의 말을 주고받겠지만, 그 둘 사이에 갈등이 일어난다면 상황은 달라진다. 집착 패턴은 자기의 경계와 영역을 지키는 데 필요한 내용을 강조하며 싸우려 할 것이고, 포기 패턴은 자기의 자율성을 침해하는 사람에게 맞서는 것에 대한 공포와 두려움 때문에 함께 잘 지내야 할 도덕적인 당위성을 이야기하다가 포기하고 물러날 것이다.

우리의 인생이 펼쳐지는 다양한 상황 속에서 집착, 포기, 밀착, 단절이라는 네 가지 해석을 그때그때 상황에 맞게 적절하게 골라 쓸 수 있어야 한다. 아무리 좋은 말이거나 유명한 사람이 한 말이라도 그 말을 하게 된 사람의 살아온 삶이나 씨름했던 문제 그리고 환경이 우리의 그것들과 같을 수 없기 때문에, 무조건 받아들이기보다는 참고하는 수준에서 멈춰야 한다. 우리는 각자 자기 자신에게 맞는 해결책을 스스로 찾는 힘을 길러야 한다.

법륜 스님은 "독서의 본질이 '아상(我相)'으로 인해 깨닫지 못했던 것들로부터 벗어나는 것이며, 책을 봄으로써 그 '아상(我相)'과 마주하고 또 다른 세계를 경험하는 것이며, 그래서 나를 버리고 타인을 이해하며 살아가는 것"이라고 하였다. 법륜 스님이 말하고자 하는 것은 책을 통하여 자기 자신을 마주할 뿐만 아니라 자신을 벗어나 다른 사람을 이해할 수 있게 된다는 것이다. 그는 책만이 아니라 수행과정 자체가 '아상'에서 벗어나는 것이라고 하였다. 우리는 자기 자신도 모르게 스스로 둥지를 틀고 들어앉아 있게 된 자신의 '독서 패턴' 또는 '프레임'에서 벗어나 집착과 포기, 밀착과 단절의 전 영역을 자유롭게 다니며 해석하는 유연성을 회복하는 시간이 필요하다.

데니스 홍 박사는 "창의력은 무에서 유를 창조하는 것이 아니고,

전혀 관련 없는 것을 연결시키는 능력"이라고 하였는데, 이 말은 평생 인간의 창조성에 대해 연구했던 미국의 정신의학자 앨버트 로젠버그 (Albert Rogenberg)가 한 말이기도 하다. 전혀 관련없는 것을 연결시키는 능력은 자신의 패턴으로부터 자유로워지며 네 가지 유형의 해석을 할 수 있는 유연함을 가질 때 비로소 발휘될 수 있다. 사람들은 누구나 다양한 인생의 여정 속에서 끊임없이 욕구와 관계의 문제를 가지고 살아간다. 집착, 포기, 밀착, 단절이라는 네 가지 방법을 골고루 사용하며 살아갈 때 건강한 삶을 살 수 있다.

6장

감각, 감정 그리고 독서능력

"우리는 우리의 바깥에 있는 것을 알 수 없고, 오직 감각을 통해 들어오는 것을 우리 마음이 재창조한다."

- 임마뉴엘 칸트

감각과 독서 능력

사람들은 인간이 백지 상태에서 읽기를 통해 내용을 습득한 후 재구성한다고 믿는다. 그러나 노벨생리의학상 수상자 존 오키프(John O'Keefe)[11] 교수는 쥐 실험을 통해 장소 세포[12](place cell : 몸 안의 GPS 역할을 하는 신경 세포로 사람이 어떤 장소에 있는지 알게 해 준다.)가 손상되면 기억력이 떨어지고 위치를 찾는 능력이 저하되어 인식의 문제가 발생한다는 사실을 밝혀냈다.

그는 실험을 통하여 칸트(Immanuel Kant) 이전의 철학자들이 인간의 마음이 원래 백지 상태에서 경험(배움)을 통해 내용을 쌓아간다고 추측한 것은 잘못된 것임을 밝혀냈다. 그는 또한 인간이 바깥에 있

---

11 2014년도 노벨생리의학상 수상자. 미국, 영국의 심리학자이자 신경과학자이다. 생리심리학으로 박사학위를 받았으며, 유니버시티 칼리지 런던의 인지 신경과학 연구소와 해부학 교실의 교수를 맡고 있다.

12 장소 세포는 공간에 민감하게 반응하며, 각 장소마다 다른 장소 세포가 전기 신호를 만들어 위치를 기록한다. 이 세포들이 모여 머릿속 지도가 된다.

는 것을 경험을 통해 알아가는 것이 아니고, 오직 감각을 통해 들어오는 것만을 마음으로 재창조 한다는 것을 증명하였다. 그가 말하고자 하는 것은 '어떤 개념이나 지식은 배워지는 것이 아니고 감각을 통해 창조된다는 것'이다. 변화는 외부에서 들어오는 것이 아니고 내면에서 일어나는 경우가 많다.

장소 세포가 마비되거나 왜곡되면 장소와 공간에 대한 인식 능력이 떨어지는 것처럼, 감각이 마비되거나 왜곡되면 독서에 문제가 생길 수 있다. 따라서 건강한 독서를 하기 위해서는 해석을 주관하는 감각이 마비되고 왜곡되는 과정, 그러한 왜곡이 독서에 끼치는 영향 그리고 왜곡된 독서 패턴을 회복하는 방법을 규명하는 작업이 필요하다.

존 오키프 교수는 세포 치료를 통해 기억력과 외부 세계에 대한 해석 능력의 회복을 시도하였다. 그러나 의학적인 방법으로 신경 세포의 감각이 돌아올 수 있도록 만들 수는 있어도 해석은 여전히 왜곡된다. 그 이유는 감정을 풀어 주지 않기 때문이다. 감각이 마비되는 이유가 여러 가지 있겠지만 감정의 통제와 차단으로 감각이 마비되거나 느끼지 못하게 될 때에도 인식(해석) 기능이 방해를 받기도 한다.

존 오키프의 실험은 독서에 대한 우리의 관심을 감각의 문제로 확장하도록 동기를 부여해 준다. 몸 밖의 지식을 우리의 뇌로 받아들이는 활동이 과거의 독서였다면 이제는 몸 내부의 감각이 건강하게 느끼는가가 독서의 열쇠이다. 백지 상태에서 읽기를 통해 내용을 습득하고 재구성하는 것을 독서라고 믿어 왔던 우리의 독서 패러다임에 중대한 변화가 일어나고 있다. 독서를 통해 인간다움을 회복하려면 몸의 감각과 감정을 '느끼는 능력'을 회복해야 한다. 제대로 느끼지 못하면 듣고 말하고 읽고 쓰고 생각하는 기능이 제대로 발휘되지 않는다. 자극이 주어지면 몸 안의 신경 세포에서는 전기적 신호와 생화학적 신경 전달 물질의 변화가 일어난다. 인간의 뇌는 그 변화와 차이를 기억하고 있다가 새로운 자극이 만들어 내는 변화와 차이를 비교하여 판단하고 행동한다.

인간은 느낌을 통해 새로운 것을 받아들이고 받아들인 것을 뇌에 입력되어 있는 것과 비교하고 비교를 통해 논증하고 논증을 통해 분류하고 분류를 통해 종합하고 종합하여 추론함으로써 사고하게 된다. 사고력은 비교, 논증, 분류, 종합, 추론의 단계를 거치는 능력이며 비로소 창의력과 연결된다. 그런데 이 모든 과정은 '얼마나 잘 느낄 수 있는가'에서 시작한다.

인간은 감정을 몸으로 느낌으로써 자신이 어떤 상태인지 알아차리고 균형 회복을 위해 무엇을 해야 할 지를 판단한다. 감정은 전기적 작용이기에 신경 세포를 따라 전달되면 근육이 반응하고 신경 전달 물질이 분비된다. 쌓인 감정을 풀기 위해서는 감정을 느껴줄 때 근육의 수축과 이완이 충분히 일어나도록 해야 한다. 갓난아기들은 감정이 올라올 때 다른 사람의 시선을 의식하지 않고 자연스럽게 팔과 다리를 움직이는데, 이것이 몸에 느껴지는 감정을 풀고 균형을 회복하기 위한 행동이라고 한다. 그러나 안타깝게도 아기의 감정은 사회화 과정을 거치면서 억제된다.

프랑스 징신분석학자 쟈크 라캉(Jacques Lacan)은 인간이 태어나서 이미 만들어져 있는 언어의 세계에 적응하기 위해서 억압을 받으며 자아를 상실하게 된다고 하였다. 부모들은 교육을 명분으로 아이들의 표현을 제한하고, 아이들이 불편해서 인상을 찌푸리면 버릇없다고 비난한다. 이때 아이들은 혼나지 않으려고 감정을 숨기기 위하여 근육을 통제하게 되고, 신경 세포에 남은 감정은 쌓일수록 견딜 수 없는 고통을 일으킨다.

우리의 몸은 스트레스 상황에서 스스로 통증을 완화시켜주는 진통제인 엔돌핀 계열의 호르몬을 생산한다. 이는 두뇌의 시상하부와 뇌하수체에서 분비된 후 혈액과 신경 계통을 통해 퍼져나가 통증을 일으키는 신경 전달 물질의 분비를 막거나 감각 수용체를 차단하는 것이다.

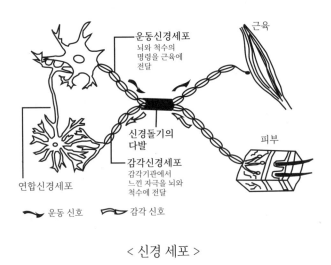

< 신경 세포 >

인간이 고통 속에서도 살아남을 수 있는 이유가 바로 이 과정 때문

이다. 하지만 감각이 무뎌져 느끼는 능력이 현저히 떨어지게 되면, 자기 자신이나 외부 세계에 대해서 필요한 만큼 느끼지 못하게 되어 자아의 상실 뿐 아니라 해석의 왜곡을 겪게 된다.

스마트폰이나 컴퓨터 게임을 많이 하면 대뇌의 신경 세포가 망가진다는 뉴스는 자녀들을 둔 부모들에게 큰 걱정거리를 안겨 준다. 이것은 또한 부모들이 아이들에게 스마트폰이나 컴퓨터 게임을 통제하는 근거로 사용되기도 한다. 아이를 걱정하는 부모의 마음이야 충분히 이해하고도 남는다. 그런데 스마트폰이나 컴퓨터 게임을 직업으로 삼아 장시간을 사용하는데도 신경 세포가 망가지지 않고 오히려 창의적인 프로그램이나 비즈니스를 개발하는 사람들이 있다.

그렇다면 스마트폰을 많이 해서 대뇌의 신경 세포가 망가지는 사람과 스마트폰을 많이 하는데도 대뇌의 신경 세포가 망가지지 않는 사람의 차이는 무엇 때문에 생기는 것일까? 결론부터 말하자면 그 차이는 필요에 의해서 컴퓨터 게임을 하는가, 아니면 고통스러운 감정을 차단하기 위해 하는가에 의해 결정된다.

사람들이 상처를 받으면 고통스러운 감정을 느끼는데, 만약 상처 회복에 필요한 소통과 행동을 충분히 할 수 있으면 감정이 풀어져 마음은 원래의 균형 상태로 돌아간다. 그러나 감정을 풀 수 없게 되면 고통을 주는 감정을 차단하기 위해 감각을 마비시키게 되고, 이 모든 것은 의식하지 못하는 사이에 일어난다. 감각을 마비시키면 고통을 느끼지 않아도 되지만, 고통을 느끼지 않는 대신 마음이 건강한 상태에서 느낄 수 있는 다른 것들까지 느끼지 못하는 것이 문제가 된다. 느끼지 못하는 상태가 되면 사람들은 무미건조함과 공허함을 느끼게 되고, 그 공허해진 마음을 채우고 살아있음을 느끼기 위해 술을 마시거나 잠을 자거나 책을 읽거나 스마트 폰이나 컴퓨터 게임을 한다.

따라서 스마트폰이나 컴퓨터 게임을 많이 하는 행위 자체가 신경 세포를 손상시킨다고 보기는 어렵다. 다만 스마트폰이나 컴퓨터 게임을 건강하게 활용하지 못하고 감정을 차단하기 위한 수단으로 활용할 때 신경 세포에 손상이 발생한다. 즉 감정 차단이 신경 세포 손상의 직접적인 원인이 되는 것이다. 사람들은 흔히 속이 미식거리면 오전에 먹은 도넛 탓을 하고, 폐가 망가지면 담배 탓을 하고, 간이 망가지면 술 탓을 하면서 이를 해결하기 위해 해로운 음식, 게임, 스마트폰, 담배, 술을 끊는 데에만 관심을 보인다. 그것들이 질병의 원인이 될 수 있지만, 더 근본적인 원인에 해당하는 감정을 간과한 상태로는 문제가 해결되지 않는 경우가 많다. 문제를 진정으로 해결하고 싶다면 감정을 건강하게 느끼는 힘을 회복해야 한다.

감정은 의미의 이정표

우리는 늘 소통에 목말라한다. 사람들은 가족과 친구들로부터 이해 받기를 바란다. 그러나 실제로는 서로 상대방의 마음을 읽어 주지 못하고 오해와 갈등을 반복하다가, 나중에는 아예 소통하기를 포기하고 입을 다물어 버리는 경우가 많다. 사람들이 소통에 실패하는 이유는 욕구와 감정 표현을 생략하고 자신의 필요나 용건만 말하기 때문이다. 서연이(가명)와 엄마의 대화를 통하여 욕구와 감정 표현이 생략된 소통이 어떤 문제가 있는지를 살펴보자.

상황

서연이가 아침에 일어나서 밥을 먹지 않고 학교에 가는 것이 반복되자 엄마가 서연이에게 말했다. "서연아, 좀 일찍 일어나서 아침을 먹고 학교에 가. 그래야 학교에서 공부가 되지 않겠니?" 서연이는 엄마의 말을 듣고 야단맞는다고 느꼈다. 서연이는 자신의 상황이 어떤지 이해하려는 마음이 없으면서 늘 잘못했다고 야단치는 엄마에 대한 거부감이 쌓여 있었기 때문에 엄마가 말을 할 때면 아무리 좋은 말이라도 짜증부터 났다.

엄마가 서연이를 걱정하는 자신의 마음을 제대로 전달하고 싶다면 엄마는 먼저 자신의 감정을 서연이에게 표현해 주는 것이 필요하다.

> 엄 마 : 서연아, 엄마가 너를 생각하면 마음이 많이 안타까워. 왜냐
> 하면 네가 아침밥을 먹고 학교에 가야 힘도 나고 수업 시간
> 에도 집중할 수 있을 것 같거든. 네가 밥을 안 먹어서 힘들
> 어질까 봐 걱정돼!

엄마가 이렇게 표현한다면, 아이는 엄마의 말에 상처를 받지 않고 엄마의 걱정하는 마음을 받아들이게 될 것이다. 같은 말이라도 감정을 표현하고 말할 때와 감정 표현 없이 말할 때 의미가 전혀 다르게 받아들여진다.

이러한 차이가 나타나는 이유는 감정이 의미의 이정표 역할을 하기 때문이다. 감정은 의미가 어느 방향을 향해 가는지를 미리 알려 주기 때문에 오해를 방지해 준다. 반면, 감정 표현 없이 나온 말은 이정표 없이 달리는 자동차처럼 어디로 가게 될 지 아무도 모르는 상태가 되어, 마치 자동차의 운전대를 다른 사람에게 맡긴 것처럼 듣는 사람의 기분에 따라 의미가 마음대로 정해지게 된다. 하고자 하는 말을 잘 전달하고 싶다면 감정을 먼저 표현해 보자. 그러면 훨씬 더 소통이 잘 이루어

지는 것을 알 수 있을 것이다. 감정이 먼저 표현되지 않은 상태에서는 상대방의 감정과 생각을 추측해야 하고, 확인 없이 임의로 추측한 내용이 옳다고 생각하면 갈등만 더 커지게 된다.

　다음의 주희(가명)와 엄마의 대화에서, 감정이 먼저 표현된 경우와 그렇지 않은 경우의 차이를 비교해 보자.

상황

　중3 주희가 시험 기간이라 며칠 동안 피곤해하는 모습을 보였다. 엄마는 주희의 몸이 상할까 걱정되어서 아침 일찍부터 식사 준비를 했다. 그러나 주희는 시험 걱정에 입맛이 없었다.

　엄마 : 주희야, 아침밥 먹어라.

　주희 : 엄마, 나 아침밥 안 먹을래.

대화 1

엄　마 : 그래도 아침밥은 먹어야지, 아침밥을 안 먹으면 어떻게 공
　　　　부를 하니?

주　희 : 엄마는 왜 맨날 엄마 마음대로만 하려고 그래?

대화 2

엄　마 : 밥을 안 먹고 싶구나. 엄마는 네가 아침을 자꾸 걸러서 몸
　　　　상하게 될까봐 걱정돼. 그리고 너를 위해서 특별히 네가 좋
　　　　아하는 반찬을 했는데 안 먹는다고 하니 얼마나 힘들면 밥

도 못 먹을까 싶어 안쓰럽다.

대화 2에서 보듯이 감정을 먼저 표현하는 것이 익숙하지 않고 번거로울 수 있지만, 감정을 표현하게 되면 진심이 전해져 갈등이 적어지기 때문에 해석을 명확하게 할 수 있고 불필요한 에너지 소모를 줄일 수 있다.

감정은 독서에도 중요한데, 그 이유는 어떤 감정을 느끼느냐에 따라 같은 내용도 다르게 해석할 수 있기 때문이다. 부모들이 창의력 개발을 위해 자녀들을 인문고전 읽기 모임에 보낸 경우, 부모의 강요에 의해 마지못해서 오는 아이들이 많다. 그런 아이들에게 인문고전은 짜증의 대상이다. 먹기 싫은 밥을 강제로 먹게 하면 부작용이 나타나는 것처럼, 인문고전을 읽을 마음이 없는 아이들에게 강제로 읽히는 것은 오히려 역효과가 나타나게 만든다.

이때 진짜 읽어야 할 것은 인문고전이 아니라 아이들이 처한 '부모의 강요에 의해서 억지로 와 있는 상황' 그 자체이다. 인문고전이 삶과 죽음의 경계에 있는 어렵고 복잡한 이슈들을 다룸으로써 지혜를 얻고자 하는 것이라고 한다면, 아이들의 처한 상황이 곧 살아있는 인문학적 이슈가 될 수 있기 때문이다. 인문고전을 읽는 지적 활동을 잠시 멈추고, 아이들로 하여금 자율성이 침해되어 상처받은 자신의 마음을 알아차려 정리하여 표현하도록 함으로써, 다른 사람의 이해를 얻고 나아가 부모에게 표현하고 조율하는 경험을 하게하는 지혜가 필요하다.

감정을 느끼고 그것이 무엇을 의미하는지 정리하여 표현하고 소통하는 것은, 지식을 건강하게 습득하고 제대로 생각할 줄 알게 되며 외부의 영향에 건강하게 대처하는 방법을 배우는데 꼭 필요한 과정이다.

듣기와 말하기에 앞서 느낄 수 있어야 한다

지식 중심의 독서에서는 듣기, 말하기, 읽기, 쓰기에 생각하기를 추가하여 사고력과 읽기 능력의 확장을 추구한다. 그러나 이 다섯 가지 앞에 감각과 감정 '느끼기'를 추가한다면 성공적인 독서를 할 수 있을 것이다. 사람들은 몸의 느낌을 통해 배고픔이나 목마름과 같은 생리적인 필요를 인식하고 해결한다. 느낌을 정확하게 느낄수록 몸의 생리적 불균형을 정확하게 파악하여 적절한 조치를 취할 수 있게 된다. 따라서 사람이 자신의 몸이 전달하는 느낌을 제대로 읽는 것은 아주 중요하다.

'느끼는 능력'은 생리적인 영역에서뿐 아니라 독서 영역에서도 똑같이 중요하다. 만약 느끼지 못하거나, 왜곡되게 느끼는 사람은 책을 아무리 많이 읽어도 아무 생각이 나지 않거나, 해석을 왜곡되게 하거나, 아니면 내용의 일부에만 사로잡혀 전체적인 맥락을 놓치게 된다. 책을 많이 읽는 것이 중요하지만 '느끼는 능력'이 제대로 발휘될 때 독서에 성공할 수 있다. 느끼는 능력의 중요성은 아무리 강조해도 지나치지가 않다.

안타깝게도 지식 중심의 독서와 글쓰기에서는 바로 이 '느낌'을 인지적으로만 다루어 왔다. 그 이유는 '느낌'을 지극히 개인적이고 주관적인 것이며 때로는 비합리적인 것으로 여겼기 때문이다. 지식 중심의 독서에서는 주관적인 느낌보다는 이성적인 분석과 논리적인 사고를 통해 지식을 습득하고 삶의 문제들을 해결하고자 했다.

또한 과학적으로 검증된 객관적 사실만을 다루어야 하기 때문에 개인의 욕구, 감정 및 감각의 상호 작용에 의해서 생기는 느낌을 개인이 알아서 처리해야 하는 것으로 여겨 왔다. 그 결과 인간은 지식을 얻어 똑똑하고 합리적으로 행동한다고 여기게 되었지만, 오히려 자신과 다른 사람의 마음이 어떤지 읽지 못하고 공감하지 못하게 되었다. 그동안 사람들은 지식 독서에서 제시했던 표준적인 정답의 틀에 맞추어 사느라 개인적인 차이와 독특함을 희생시켜 왔다.

헬렌 켈러(Helen Keller)는 감정을 느끼지 못하는 상태에서 눈으로 어떤 것을 보아도(see) 그것이 보는 것(observe)이 아니라고 이야기한 적이 있다. 헬렌이 어느 날 숲에 다녀온 친구에게 무엇을 보고 왔느냐고 물었다. 그 친구는 특별한 것이 없었다고 대답했다. 헬렌은 그 대답을 듣고 눈으로 볼 수 있어서 오히려 진정한 의미의 '봄(observe)'은 하지 못할 수도 있다는 사실을 깨달았다고 한다.

이와 같이 느낌은 감성의 원천으로서 이성과 사고력의 기반이다. 서울신문 오일만 논설위원은 「감성의 진화」라는 논설에서 "자동차로 비교하면 감성은 가속 페달이요, 이성은 브레이크에 해당된다. 감성의 제어 역할이 이성인데, 감성이 메마르면 이성 역시 할 일이 없어진다."고 하였다.

거의 모든 사람들이 한글을 읽고 쓸 수 있는 요즘, 사람들이 글을 몰라서가 아니라 느끼지 못하거나 왜곡되게 느껴서 독서에 어려움을 겪는다. 제대로 느끼지 못하면 들어도 들리지 않고 전혀 다른 것을 말하게 되며, 책을 읽어도 내용을 왜곡하여 해석할 수 있다.

진정 인간답게 살기 위해서는 느끼는 힘을 회복하여 느낌을 구체적으로 정리하고 정확하게 표현하여 자신에게 도움이 되는 사고력의 바탕으로 삼아야 한다. 그렇게 할 때 우리는 비로소 좌뇌와 우뇌의 균형, 이성과 감성의 조화, 경쟁을 넘어 사람들과 함께 살아갈 수 있게 될 것이다.

몸의 감각과 감정을 느끼는 능력이 회복되면, 이 세상의 수많은 자료와 현상들이 지금 현재의 나와 어떻게 연결되는지를 알아차릴 수 있다. 또한 이를 알아차려야 다양한 논리와 이론을 시기적절하게 적용할 수 있게 된다.

수업 시간에 수업의 흐름에 관계없이 자기 하고 싶은 것을 하는 아이들이 있다. 수업을 진행하는 지도 교사는 그 아이들이 수업에 집중할 수 있도록 이름을 부르거나 활동에 참여하도록 유도한다. 그리고 또 어떤 아이들은 수업을 방해하지는 않지만 혼자만의 세계에 들어가 멍하니 있거나 자기만의 상상을 하곤 한다. 이 아이들 모두 내면의 느낌 즉 감정이 과도하게 몸을 통제하고 있는 경우이다. 교사가 이 아이들에게 부드럽게 공감하며 타이르고 야단을 쳐보지만 아이들의 행동은 잘 고쳐지지 않는다. 만약 교사가 아이들의 행동을 고치고 싶다면, 행동에 대한 지적을 멈추고 그 행동의 원인이 되는 감정을 풀 수 있는 방법을 찾아야 한다.

감정을 풀어 주는 것은 굶주린 아이에게 먹을 것을 주는 것과 같다. 배고픔이 해결되지 않은 상태에서는 다른 것을 하려고 해도 소용이 없다. 감정을 차단하거나 감정을 과도하게 느끼는 상태는 정서적으로 무척 배고픈 상태이다. 아이의 감정이 어떤지 살펴보는 과정을 생략하고 독서 지도를 하는 것은 아이를 고통 속에 내버려두고 억지로 책만 읽도록 강요하는 것이다. 이런 상태에서 진행하는 독서는 실질적인 삶의 영역에서는 도움이 되지 않는 경우가 많다.

균형심리 독서 전문가 프리클 님의 경험담을 소개한다.

수업 시간에 수학 개념과 문제를 풀어 주며 설명을 할 때였다. 중학교 3학년인 민재(가명)는 설명을 들을 때는 '네'라고 대답을 한다. 하지만 문제를 풀어 보라고 하면 모르겠다고 하고 풀지를 못한다. 관찰해 보니, 민재는 설명을 들을 때 자동적으로 고개를 끄덕거리며 대답을 하지만 눈빛은 멍한 상태였다. 민재가 정신을 놓고 있다는 것을 알게 된 나는 수업을 잠시 멈추고 멍한 상태로 있을 수밖에 없는 이유를 찾아 풀어 주게 되었다.

전문가 : 민재야, 선생님 설명이 이해되니?

민　재 : 네.

전문가 : 어떤 부분이 이해가 돼?

민　재 : ......

전문가 : 선생님이 설명할 때 네가 멍한 표정으로 있는 것 같아. 몸
　　　　은 여기 있는데 마음은 딴 데 있는 사람처럼, 맞아?

민　재 : (고개만 끄덕끄덕)

전문가 : 그렇구나, 내 설명을 들을 때 너의 몸이 어떻게 반응해?
　　　　편해? 불편해? 아니면 둘 다 있어?

민　재 : 불편해요.

전문가 : 그렇구나, 어디가 불편해?

민　재 : 가슴이 너무 답답해요.

전문가 : 가슴이 답답하구나, 많이 힘들었겠네. 그동안 어떻게 참고
　　　　듣고 있었어? 마음이 아프다.

민　재 : 사실은, 그래서 멍하게 있었나 봐요. 집중하려고 해도 답답
　　　　해서 잘 안 돼요.

전문가 : 그러게, 그래서 계속 멍했구나. 혹시 다른 공부할 때도 그
　　　　러니?

민　재 : 네, 거의 그런 편인데 남들은 잘 몰라요. 듣고 있는 척하니
　　　　까요.

전문가 : 그랬구나, 언제부터 그랬어?

민　재 : 초등학교 5학년 때부터요.

민재는 초등학교 5학년 초반까지 전 과목을 백점 맞을 정도로 공부

를 잘했다. 초등학교 5학년 때 휴대폰 게임을 하고 싶었는데, 게임을 하려면 먼저 공부를 해야만 했다. 그때부터 공부는 게임을 하기 위해 어쩔 수 없이 해야만 하는 것이 되었고, 게임하고 싶은 마음을 참으며 공부를 하자니 짜증나고 속상하고 재미없고 답답했던 것이다. 그렇다고 공부를 안 할 수는 없어서 힘든 감정을 느끼지 않기 위해 멍하니 있게 되었다고 했다.

멍한 시간이 많아질수록 성적이 떨어졌고 민재도 멍한 습관을 고치려고 노력했지만 결심한다고 고쳐질 리가 없었다. 그럴수록 가슴이 답답하고 속상했지만 상황은 나아지지 않았고 힘든 감정을 느끼기 않기 위해 감정을 다시 차단해야 했다.

나는 먼저 민재의 이야기를 읽고 문제의 원인이 감정이라는 사실을 확인한 후, 민재의 몸을 통제하는 감정을 접촉하여 풀 수 있도록 도와주었다. 그 후부터 민재는 편안하게 설명에 집중하며 문제를 풀었다. 나는 아이들의 표정이 평소와 달라 보이면 어떤 감정 때문에 그런 반응을 하는지 물어본 후 적절하게 도움을 준다. 그렇게 하는 것이 수업 진도와 성적을 위해 열심히 아이들을 다그치고 끌어당길 때보다 훨씬 효과적이라는 것을 경험한다.

독서 능력을 회복하려면 쌓인 감정을 풀어야 한다

독서를 감각의 문제로 보면, 사람들이 같은 책을 읽더라도 왜 해석이 다른지 그리고 사람들의 해석 능력이 왜 달라지는지 설명할 수 있게 된다. 감각이 건강하게 회복되면 비로소 건강한 독서가 가능해진다. 그러므로 우선 각자의 몸속에 깨진 균형만큼 발생하여 저장되어 있는 감정을 풀어 주어야 한다. 상처받은 감정의 회복 정도에 따라 독서 능력의 회복 속도도 달라진다.

균형심리 독서 전문가 이슬 님의 경험담을 소개하려고 한다.

4학년 독서논술 시간에 글쓰기를 할 때였어요. 철수(가명)는 이렇게 힘든 걸 왜 하는지 모르겠다며 몸을 배배 꼬며 짜증을 부렸어요. 그래도 해 보자고 권유했더니 주위의 친구들을 툭툭 건드리며 장난을 쳤어요. 아이들이 글쓰기에 집중하고 있던 터라 나는 철수와 대화를 시도했어요. 철수에게 억지로 글쓰기를 하게 하는 건 철수 뿐 아니라 반

전체 분위기에도 도움이 될 것 같지 않았어요.

철수는 어떤 균형을 맞추고 싶어서 이러는 걸까? 궁금하기도 하고 힘들어하는 마음을 풀어 주고 싶었어요. 전체 이야기가 꽤 길지만 핵심 내용만 적어 볼게요.

철　수 : 선생님 이거 안 하면 안 돼요? 꼭 해야 돼요?

전문가 : 정말 안 하고 싶구나. 안 하고 싶을 수도 있지. 선생님이 철수에게 궁금한 게 있는데 물어봐도 될까? 글을 쓰면 몸이 어떻게 반응해?

철　수 : 아 진짜, 팔도 아프고 다 아파요.

전문가 : 아 그래? 팔이 아프구나? (팔꿈치를 가리키며) 여기가 아파?

철　수 : 네! 팔꿈치도 아프고 손목이 너무 아파요.

전문가 : 손목이 아프구나. 아직 글을 쓰지도 않았는데 연필만 잡아도 이렇게 아프니 당연히 글쓰기가 하기 싫지. 왜 쓰기 싫고 힘들어하는지 이해가 되네. 그러면 네가 그렇게 아픈 건 그럴 수밖에 없는 이유가 있을 것 같아. 처음부터 쓰는 게 너무 고통스럽고 힘들지는 않았을 것 같거든. 선생님 얘기 들으니까 어때?

철　수 : ······

전문가 : 처음 글쓰기를 할 때부터 힘들었어? 언제부터 이렇게 힘들었는지 정말 궁금해. 혹시 생각나는 게 있어?

철수는 처음에는 잘 모르겠다, 생각 안 난다고 하더니 뭔가 떠올랐는지 온 몸에서 힘이 쭉 빠지며, 1학년 때 글씨를 잘 몰라서 틀리면 엄마가 자로 손등을 때렸다고 말하며 눈시울을 붉혔어요. 내가 힘들었던 철수의 마음을 공감하며 위로해 주자 철수는 곧 눈물을 흘리기 시작했어요. 아프고 화난다고 표현도 못하고 참았던 철수의 감정을 '나 만나기'[13](마음의 상처를 치유하기 위하여 자기 자신을 만나도록 돕는 상담 기법)를 통해 풀 수 있도록 도와주자, 철수는 시원한 마음으로 웃으면서 글쓰기를 시작할 수 있었어요. 처음엔 한 줄 쓰기도 힘들었는데 감정을 풀어 주며 도와주었더니 곧 글쓰기가 늘었어요. 원래 뭐든지 할 수 있는 아이들인데 생각지도 못한 경험을 통해 쌓인 감정들이 이렇게 삶을 가로 막고 있어서 참 안타까워요. 그리고 이렇게 감정을 풀 수 있어서 너무나 다행이었고 정말 기뻤어요.

어쩌다 우연히 다른 사람에게 무시당하고 상처를 받았을 경우 상대방의 적절한 사과만 있으면 감정이 풀린다. 그러나 오랫동안 반복적으로 무시당하고 상처를 받으면 이야기가 달라진다. 반복되는 무시로 인해 균형이 많이 깨진 상태에서 미안하다는 말 한마디로는 쉽게 용서가 되지 않는다. 그리고 그런 상황에서 누군가가 "과거는 잊어버리고 앞만 보고 살아라.", "좋은 책을 통해 마음을 수양하고 잘 다스리는 것이 좋다."고 말하거나, "억울함을 느끼면 인생을 허비하게 되니 긍정적으

---

13 '나 만나기'란 균형심리 이론에서 개발한 감정 치유 프로그램으로 과거의 경험으로 왜곡된 네 가지 자아(욕구, 감정, 생각, 몸)를 치유하고 회복하는 것이다.

로 생각하고 생산적인 활동을 하라."고 말하면 인지적으로는 그 말이 이해되겠지만 감정은 풀어지지 않는다. 오히려 더 화가 날 수도 있다.

과민 반응이 일어나는 순간에는 감정이 몸의 신경과 근육을 통제하기 때문에 옆에서 누군가 아무리 이야기해도 들리지 않는다. 따라서 이 사람의 쌓인 감정이 해결되지 않은 상태에서는, 아무리 좋은 책을 읽어도 건강하게 반응하지 못한다. 그 사람을 진정으로 돕고 싶다면 차라리 "그동안 많이 무시당해서 얼마나 속상하고 화나고 섭섭하고 짜증나고 억울하고 답답하고 힘들었겠냐."고 감정을 인정해 주며 진심으로 이해하고 함께해 주는 것이 좋다.

사람들은 쌓인 감정의 과도한 자극과 그로 인한 고통을 통제하기 위하여 무의식적으로 감각을 무디게 만든다. 감각을 무디게 만들면 감정을 느껴야 함에도 불구하고 못 느끼거나 과도하게 느끼게 되며 여기서 인식의 문제가 일어난다. 이러한 상태가 심해지면 인간은 고장난 센서를 달고 있는 기계처럼 된다. 아파트 현관의 자동문이나 천장의 센서를 생각해 보자. 이 기계들은 사람이 가까이 오면 자동으로 사람의 움직임을 감지하고 불을 켜거나 문을 연다. 아파트 입구의 자동차 차단기도 마찬가지다. 하지만 만약 센서가 고장이 나거나 센서의 민감도가 떨어져서 사람이나 자동차가 가까이 다가왔는데도 감지를 못한다면 기계는 제 기능을 못하게 된다. 못 느끼거나 왜곡되게 느낀다면 인간은 고장 난 기계와 같아서 인간다움을 상실하고 만다.

그렇다면 우리는 어떻게 해야 할까? 기계가 고장 나면 센서를 고치거나 부품을 교체하듯이 인간도 치유를 받아야 한다. 쌓인 감정을 소통하여 풀어 주면 마비되었던 감각이 제 기능을 회복하고 건강하고 유연한 삶을 살 수 있게 된다. 쌓인 감정을 풀어 주려면 어떤 감정이 몸에 쌓여 있는지 찾아내야 한다. 그 다음 찾아낸 감정들이 근육의 수축과 이완 운동을 통해 표현되도록 하면 된다.

한 가지 주의할 점은, 과거의 감정을 시간이 흐른 현재라는 시점에 다시 접촉하여 풀어 줄 때 일어나는 근육 또는 몸의 움직임이 현 상황과 연결이 안 되기에 이상하게 생각될 수 있다는 것이다. 그러나 감정이 생겼을 때 느껴주면 나타났을 몸의 반응이, 시간이 한참 흘러 완전히 다른 상황에서 나타난다고 하더라도 이상할 것은 없다. 감정을 푸는 시점의 차이가 발생할 뿐 감정을 푸는 과정은 시간이 흘러도 항상 똑같기 때문이다.

러시아의 생리학자 파블로프(Ivan Pavlov)가 개에게 음식을 줄 때 종소리를 같이 들려주는 실험을 했다. 실험이 반복되면서 개는 이제 종소리를 듣는 것만으로도 자동으로 침을 흘리는 조건 반사 반응을 보였다. 개의 반응은 같은 경험을 반복하며 욕구와 감정 체계가 굳어져서 일어난 일이다. 어떤 일이 일어날지 미리 아는 상황에서 느끼는 과정을 새롭게 반복할 필요 없이 행동만 하면 되기 때문이다.

만약 누군가 이 '파블로프의 개'를 우리에게 데려와 치료해 달라고 부탁한다면 어떻게 하겠는가? 파블로프의 실험을 거친 개라는 사실을 알고 있다면 개의 반응이 이해되겠지만, 그 사실을 모르는 상태에서는 침을 흘리는 개에게 무언가 문제가 있다고 생각하게 된다. 어찌되었든 한 가지 확실한 것은, 치료자가 침을 흘리는 개에게 침을 흘리지 말아야 할 이유를 설명하고 말을 안 들으면 음식을 안 주고 산책을 시키거나 운동을 시킨다고 하더라도, '굳어진 욕구와 감정 체계'를 고치지 않는 한, 침 흘리는 반응을 멈추게 할 수는 없다.

사람들도 성장하면서 파블로프의 개와 같이 굳어진 욕구와 감정 체계를 갖게 되는 경우가 있다. 그런 경우 단순히 주변 환경을 개선시켜주고 결핍을 채워주는 조치를 취하는 것으로는 문제가 사라지지 않는다. 바뀐 환경 덕분에 증상이 좀 완화될 수는 있지만, 진정으로 문제를 해결하려면 감각을 통제하는 근본 원인을 찾아 쌓여 있는 감정을 풀고 욕구와 감정의 체계가 다시 유연하게 작동하도록 해야 한다.

짜증이 많은 아이, 감정을 차단한 아이, 말을 하지 않는 아이, 기억을 못하는 아이, 생각하는 것이 어려운 아이, 공부만 잘하는 아이, 폭력적인 아이, 과잉행동 장애를 겪는 아이 모두 마찬가지이다.

인간은 상처받지 않은 건강한 상태에서는 자신과 외부의 대상에 대해 자신에게 필요한 만큼 느껴 해석하고 소통한다. 그런데 감각의 왜곡이 일어나면 느끼지 못하는 것들이 생겨 제대로 들리지 않거나 과도하게 들린다. 따라서 그런 상태에서 책을 읽으면 내용을 왜곡하여 해석하게 되어 독서의 효과가 떨어진다. 공부를 해도 기계적인 암기는 가능한데 적용과 실천에서 문제가 생긴다. 이것이 굳어져 그 사람만의 느끼는 방식, 책 읽는 방식, 해석하는 방식, 말하고 글 쓰는 방식이 된다. 지금까지 이러한 작업은 독서 활동이 아닌 심리 치료의 영역이었다. 그러나 사람들은 일상의 독서 활동에 사람의 마음을 읽고 해석하는 활동이 포함되기를 원한다. 그리고 이제 그런 독서의 시대가 왔다.

7장

균형심리 독서

"우리가 혼자만의 독서를 넘어 서로의 해석이 차이나는 이유를 파악하고, 그 차이 때문에 발생하는 갈등을 조율함으로써 의미를 확장하는 독서를 할 수 있을 때, 독서는 제 역할을 하게 된다."

- 본문 중에서

균형심리 독서란

우리는 할 수 있다면 평소에 책을 다양하게 많이 읽어야 한다. 하지만 더 중요한 것은 '책 내용을 해석하는 자신의 패턴'을 파악하는 것이다. 우리가 어릴 때부터 만들어 온 독서 패턴에 갇혀 있으면, 우리 자신은 세상을 전부 보고 있다고 여기지만 사실은 자신의 패턴이 허락하는 영역만 보고 있을 가능성이 크다. 그러면 우리 자신이 못 보고 있는 영역에서 발생하는 문제는 해결하지 못하게 된다.

타인과의 갈등이나 업무상 겪게 되는 어려운 문제가 바로 독서 패턴과 연결되어 있는 것도 그 때문이다. 독서 패턴에 갇혀 있는 경우, 어떤 책을 읽어도 늘 같은 방식으로만 해석을 하기 때문에 문제 해결에 필요한 실마리를 찾지 못한다. 그런 경우 무의식의 영역에서 해결의 실마리를 찾아야 하며, 이때 상징 독서와 관계 독서를 활용하여 무의식을 찾아 들어가면, 아주 빠르고 쉽게 문제의 원인과 해결책을 찾아낼 수 있다. 현실에서 발생하는 고통스러운 사건을 통해 자신의 문제를 정리한 다음, 무의식 읽기를 통해 그 문제가 생긴 원인을 찾아 해결하면 현재의 문제까지 동시에 해결된다.

균형심리 독서는 '과거에 완성되었어야 할 미완성된 경험이 현재 관계를 맺고 있는 사람들과의 상호 작용을 통해 눈에 보이는 상징으로 얼굴을 드러낼 때, 그 상징을 빠르게 낚아챈 후 그 안으로 들어가 독서 패턴의 확장을 막고 있는 미완성된 경험을 완성'시켜주는 것이다. 그런 과정을 거치며 독서 패턴은 더욱 넓게 확장되고 성숙되어 갈 수 있다.

사람들은 세상을 자신만의 독특한 시선으로 해석하고 기술한다. 그렇게 하는 것이 당연하지만, 독서가 자신의 통찰력과 지적 능력을 키우는 혼자만의 독서에 머무는 한, 각자의 독특한 해석들이 서로 소통되지 못하고 갈등과 반목을 겪게 된다. 우리가 혼자만의 독서를 넘어 서로의 해석이 차이나는 이유를 파악하고, 그 차이 때문에 발생하는 갈등을 조율함으로써 의미를 확장하는 독서를 할 수 있을 때, 독서는 제 역할을 하게 된다. 특히 사람들의 해석과 독서 패턴을 통제하는 '경험과 무의식'의 작동 방식을 찾아내는 것이 중요하다. 그 작동 방식을 이해하게 되면 사람들은 극단적인 해석에 갇히지 않고 사물의 양면을 다 볼 수 있게 된다.

균형심리 독서는, 자신이 알고 있는 해답이 전부가 아니라고 여기고 새로운 세계로 과감하게 여행하며 동시에 그 과정에 대해 의심을 품는 작업이다. 그러한 작업을 통해, 사람들은 몸에 밴 자기중심적인 가치관을 무너뜨리고 새롭게 확장함으로써 자기 자신을 재발견하고, 타인과의 갈등을 조율하며 함께 살아간다. 균형심리 독서는 지식 독서의 좋은 점은 더 발전시키고, 새로운 시대에 필요한 것을 적극적으로 개발하고 적용하는 통합된 독서를 말한다. 지식 독서가 지식, 정답, 문자, 생각, 사고력, 하나의 해석 중심의 독서를 추구했다면 거기에 관계, 다양한 해석, 다양한 텍스트, 욕구와 감정을 추가하여 독서의 영역을 확장하고 통합하는 독서를 추구한다.

균형심리 독서 3366 시스템

거친 파도를 타는 서퍼의 사진을 본 적이 있을 것이다. 서퍼가 서핑보드 위에 서서 파도에 몸을 맡길 때 해야 할 일은 균형 잡기다. 균형을 유지할 수만 있다면 서퍼는 파도의 힘에 의해 저절로 앞으로 나아갈 수 있다. 세상이라는 파도를 타는 우리도 서퍼와 같은 입장이다.

우리도 인생의 매 순간마다 세상의 파도를 헤쳐나가기 위해 균형을 잡아야 한다. 그러나 시대적 전환기의 파도가 너무 거세어 많은 사람들이 불안해한다. 새로운 시대적 파도에 몸을 맡겼을 때 저절로 물살을 가르고 앞으로 나아갈 수 있도록 균형 잡아줄 수 있는 '균형심리 독서 3366 시스템'을 소개하고자 한다.

세 가지 독서법

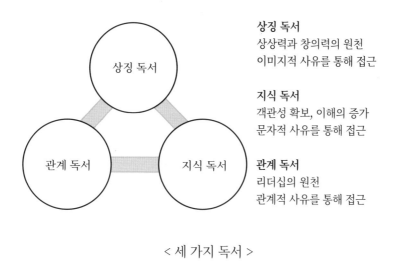

상징 독서
상상력과 창의력의 원천
이미지적 사유를 통해 접근

지식 독서
객관성 확보, 이해의 증가
문자적 사유를 통해 접근

관계 독서
리더십의 원천
관계적 사유를 통해 접근

< 세 가지 독서 >

'균형심리 독서 3366 시스템'의 첫 번째 3은, 세 가지 독서법에 해당하는 '상징 독서, 지식 독서, 관계 독서'를 의미한다. 인류의 독서는 중세 시대를 통해 상징 독서를, 근·현대 지식산업 시대를 통해 지식 독서를, 21세기 인공지능 시대를 통해 관계 독서를 경험하고 있다.

• 상징 독서

상징 독서는 자기 자신의 감각이 직관적으로 느끼는 것의 의미를 찾아가는 독서이며, 눈에 보이는 것을 통해 눈에 보이지 않는 진짜 의미를 유추하는 읽기 방식이다. 이 세상은 상징으로 가득하다. 하늘 저편에서 검은 구름이 몰려오면 비가 올 신호로 받아들인다. 검은 구름은 비의 상징이다. 사람들이 사랑을 별과 물과 바람과 연결시켜 표현하는 것처럼 상징 독서는 서로 관련 없는 것들을 연결시켜 의미를 만들어 낸다. 상징 독서는 상상력과 창의력의 원천으로 물리적인 현실에 갇혀 있는 인간에게 현실을 넘어설 수 있는 힘을 준다.

• 지식 독서

지식 독서는 개인의 주관적인 경험을 배제하고 검증을 거친 객관적 지식으로 의미를 정하는 방식이다. 즉 느낌과 직관에 의존한 상징 독서가 가진 문제를 극복하기 위하여 객관적으로 증명된 사실을 근거로 옳고 그름을 판단하는 방식을 말하는데, 지식 독서에서는 상징 독서의 힘인 상상력과 창의력이 가능한 멀리해야 할 대상이 된다. 지식 독서는 객관성을 강조하기 때문에 이성, 논리, 합리, 규칙, 질서를 중시한다.

• 관계 독서

관계 독서는 인간의 경험이 의미를 결정한다고 믿고 나와 너 사이의 욕구와 감정을 읽고 해석하여 의미를 정하는 독서 방식으로, 이때 의미를 결정하는 핵심 요소는 욕구와 감정이다. 예를 들어, 내가 좋아하는 사람은 무엇을 해도 다 예쁘고 내가 싫어하는 사람은 무엇을 해도 다 미운 경우를 생각하면, 관계 독서에 대해 쉽게 이해할 수 있다. "팔은 안으로 굽는다."는 표현도 관계 독서의 특징이라고 할 수 있다. 따라서 관계 독서에서는 이성, 합리, 공평함과 같은 요소보다는 만족감, 사랑, 연결된 느낌이 중요하다.

균형심리 독서는 위의 세 가지 독서법을 상황에 맞게 통합적으로 사용하여 해석하는 독서 방식이다. 세 가지 독서법은 하나씩 나눠서 보면 쉽게 이해되지만 상황에 맞게 적절하게 통합하여 사용하려면 노력과 훈련이 필요하다. 지금은 관계 속에서 상징과 지식이 어떻게 해석되는지 알아차리고, 소통을 통해 균형을 찾아갈 수 있는 능력이 필요한 시대이다. 균형심리 독서는 세 가지 독서법을 적절하게 사용하여 세파에 휩쓸리지 않고, 시대를 꿰뚫어 보는 창의적인 존재로 살아가는 능력을 키우는 독서를 할 수 있도록, 균형심리 이론에 근거하여 만든 독서법이다. 3부에서 상징 독서, 지식 독서, 관계 독서에 대해서 더 자세히 설명하고 어떻게 적용할 수 있는지 안내할 것이다.

3 단계 의미

'균형심리 독서 3366 시스템'의 두 번째 3은, 3 단계 의미에 해당하는 1 단계의 개념적 의미, 2 단계의 경험적 의미 그리고 3 단계의 균형적 의미를 말한다.

• 개념적 의미(1 단계)

사전적으로 정의된 의미이다. 예를 들어, 사전적 의미에서 '사랑'이란 '어떤 사람이나 존재를 몹시 아끼고 소중하게 여기는 마음'이다. 학교 교과서에서는 주로 이러한 개념적 의미에 해당하는 정보와 지식을 다룬다.

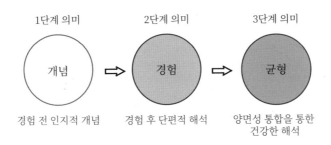

< 3 단계 의미 >

• 경험적 의미(2 단계)

독자가 직접 또는 간접 경험을 통해 좋은 감정 또는 불편한 감정을 갖게 되었을 때의 의미이다. '사랑'에 대해서 안 좋은 경험을 한 사람은 '사랑'을 쓰디쓴 고통으로 여기고 '사랑'에 대해서 좋은 경험을 한 사람은 '사랑'을 달콤하고 좋은 것으로 여긴다. '사랑'에 대해 긍정적인 경험만 한 사람은 용기를 내서 더 적극적으로 시도하려고 하지만, 너무 긍정적으로만 생각해서 위험하거나 부정적인 부분을 인식하지 못할 수도 있다. 반면 '사랑'에 대해 거절당한 경험 때문에 힘들었던 사람은 다시 상처받기 싫어서 긍정적인 경험을 얻을 수 있는데도 불구하고 다시는 사랑하고자 하는 시도를 하지 않게 된다.

이렇게 경험에 의해 형성된 의미가 경험적 의미이다. 경험적 의미는 지극히 주관적이기 때문에 나에게 옳거나 좋게 느껴지는 것이 다른 사람에게는 옳지 않고 좋지 않게 느껴질 수 있다. 그래서 사람들이 글을 읽거나 다른 사람의 말을 들을 때 자기의 의도와는 상관없이 무의식적으로 경험적 의미로 해석하여 받아들이게 되는 것이다.

● 균형적 의미(3 단계)

균형적 의미는 한쪽으로 치우친 미완성된 경험에 갇히지 않고 대상의 양면성을 있는 그대로 받아들일 때 생성되는 의미이다. 균형적 의미에서의 '사랑'은 경험적 의미에 의해 그것이 받아들여졌을 때는 달콤하지만 거절당했을 때는 쓰디쓴 고통을 주는 양면성을 가지고 있다. 이 때 균형적 의미에서는 '사랑'의 양면성을 인정하면서 서로를 존중하며 친밀함을 추구하는 성숙한 단계로 나아가게 된다.

균형적 의미로 해석할 수 있는 사람은 대상에 대한 편견에 갇히지 않고 열린 사고로 양면성을 탐구하고 인정하기 때문에 메타인지력(자신이 아는 것과 모르는 것을 자각하고 문제를 스스로 해결하며 자신의 학습과정을 조절할 줄 아는 능력)이 높다. 어떤 문제에 대한 타인의 해석이 자신과 달라도 틀렸다고 단정짓지 않고 그렇게 해석할 수밖에 없는 이유를 듣고 차이와 갈등을 해결해 나갈 수 있는 방법을 찾기 위해 노력한다. 균형적 의미를 얻으려면 양면 감정을 소통하고 풀어 나갈 수 있어야 한다. 만약 양면 감정을 풀 수 있는 능력이 있다면 새로운 경험을 추가할수록 의미를 확장할 수 있다.

여섯 가지 힘

'균형심리 독서 3366 시스템'의 세 번째 6은, 여섯 가지 힘에 해당하는 '느끼기, 듣기, 말하기, 읽기, 쓰기, 생각하기'를 의미한다. 각자가 어린 시절에 형성된 패턴이 듣고 말하고 읽고 쓰고 생각하는 방식과 내용을 결정하기 때문에 패턴의 확장을 통해 여섯 가지 힘을 건강하게 회복하고 확장할 수 있어야 한다.

- 느끼기 : 텍스트에 대한 몸의 반응, 느낌, 양면 감정 등 자신의 감

정을 느끼고 인식하는 것을 말한다.

- 듣기 : 말하는 사람이 표현하는 의미를 이해하는 기능을 말한다. 듣고 싶은 것만 듣거나 특정 대상에 대한 무의식적인 거부 반응을 극복할 수 있도록 한다.

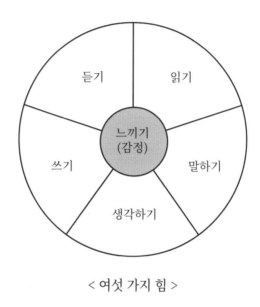

< 여섯 가지 힘 >

- 말하기 : 자신의 욕구와 감정을 접촉하여 말로 정리해서 표현하는 능력을 말한다. 표현에 대한 불안과 두려움을 풀어 주어 말하기 능력을 향상시킨다.
- 읽기 : 읽기는 이해의 과정으로서 문자 이해를 통한 의사소통 과정이다. 열린 사고력, 메타인지력, 지성과 감성의 균형 잡힌 독해를 할 수 있게 한다.
- 쓰기 : 쓰기는 기호나 문자를 이용하여 언어를 표현하는 일이다.

자신의 욕구와 감정의 접촉을 통해 스토리텔링이 살아 있는 글쓰기 능력을 키우고 글쓰기 싫은 마음을 치유한다.

- 생각하기 : 자신의 욕구와 감정을 잘 느끼고 논리적으로 정리해서 표현하는 힘을 말한다.

여섯 가지 능력

'균형심리 독서 3366 시스템'의 네 번째 6은, 여섯 가지 능력에 해당하는 '창의력, 상상력, 기획력, 사고력, 리더십, 관계력'을 의미한다. 상징 독서 활동을 통해 창의력과 상상력을 얻고, 지식 독서 활동을 통해 기획력과 사고력을 얻으며, 관계 독서를 통해 리더십과 관계력을 얻는다. 독서 활동을 통해 경험을 완성시키고 감정을 느끼는 능력을 회복하여 의미를 3단계까지 확장해 나갈 수 있도록 함으로써, 마침내 여섯 가지 능력이 골고루 발달하게 된다.

- 상상력 & 창의력 : 사람의 욕구와 감정을 마음속에 그려보는 것을 상상력이라고 한다면, 창의력은 욕구와 감정을 사회적으로 용인된 긍정적 방향으로 현실화하는 능력이라고 말할 수 있다. 사람들은 저마다 다른 상상력과 창의력을 가지고 있거나 왜곡되어 있다. 상상력이 뛰어나고 창의력이 높은 사람이지만, 타인을 무시하고 자신의 이익만

을 위해 그 힘을 발휘하거나, 자신이 무엇을 느끼는지 무엇을 원하는지를 몰라서 상상력과 창의력을 상실하는 경우가 있다. 반면 상상력이 풍부하고 창의적이면서 문제를 열린 시각으로 바라보는 사람은, 자신의 개인적인 아픔을 너머 어떻게 하면 이 문제를 극복하여 모두가 행복하게 살 수 있을까를 고민하며, 그러한 고민 끝에 창의적인 기획, 발명품, 문학 작품 등이 탄생한다. 이와 같이 사람들의 상상력과 창의력이 다른 방향으로 나타나는 이유는 삶의 경험이 다르기 때문이다. 상상력과 창의력을 건강하게 사용하려면 먼저 자신의 욕구와 감정을 건강하게 느끼고 인식할 수 있는 힘을 회복해야 한다.

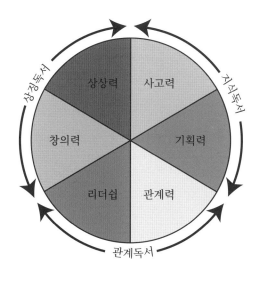

< 여섯 가지 능력 >

• 리더십 & 관계력 : 리더십은 시대별로 그 의미가 달라져 왔는데,

21세기 인공지능 시대의 리더십은 '사람들의 갈등을 조율하여 서로의 필요와 목표를 통합하는 능력'을 의미하고, 관계력은 '갈등을 조율하여 건강한 관계를 유지하는 능력'을 의미한다. 현대의 리더십이 발휘되려면 모든 사람이 수평적으로 동등한 관계라는 것을 인정해야 한다. 오늘날 수평적 리더십에 대한 사람들의 인식은 빠르게 변화한 반면, 사람들의 삶이나 사회 구조는 그 변화의 속도를 따라가지 못하고 있어서 리더십의 실천에 어려움을 겪고 있다.

우리는 극단적으로 다른 가치를 추구하는 리더십 사이에 끼여 있다. 지나 온 삶은 수직 구조 속에서 강한 리더가 독단적으로 명령하여 문제를 해결하고 이끌어간 것에 비해, 지금은 자녀를 수평적으로 키워야하는 상황이다. 기성 세대는 선생님과 부모님께 복종하는 것을 당연하게 여기고 살았다. 하지만 신세대는 가정과 교육의 민주화와 인권을 당연하게 여기는 시대를 살고 있기 때문에, 이들에 대해 기성세대의 가치를 가지고 리더십을 발휘하기는 매우 어렵게 되었다. 시대에 맞게 리더십을 발휘하려면, 수직 구조 중심의 삶에서 받은 상처로 인한 감정을 풀어 주어 수평적인 관계 능력을 얻어야 한다. 그래야 리더십과 관계력을 더욱 건강하게 발휘할 수 있다.

• 사고력 & 기획력 : 사고력과 기획력은 객관적인 지식을 활용하여 자신의 목표를 성취하는 능력을 말한다. 이때 어떤 사고력을 가지고 프로젝트를 기획하느냐에 따라 기획 능력이 크게 차이난다. 닫힌 사고력은 문제에 갇혀 가시적이고 문자적인 부분만 다루는 반면, 열린

사고력은 문제의 본질에 대한 질문을 스스로 만들어 내고 답을 찾아 간다. 또한 마음의 균형 상태에 따라 기획 능력이 다르게 나타날 수 있 다. 마음의 균형이 잘 잡혀있는 편안한 상태에서는 사고력과 기획력을 최대한 발휘할 수 있지만, 마음의 균형이 깨지면 이런 요소들이 심각 하게 방해를 받는다. 친구와 다투거나 부모님의 갈등으로 걱정되고 두 려운 마음이 가득하면 열린 생각을 하기 어렵다. 자신을 둘러싼 문제 들로 인한 감정 때문에 자신의 일에 집중하기가 힘들어 사고력과 기획 력을 발휘하는 것이 방해받는 것은 당연한 일이다. 사고력과 기획력은 독서의 여섯 가지 능력 중에서 네 가지 능력인 상상력, 창의력, 관계력, 리더십이 먼저 회복된 후에야 최대한 발휘할 수 있는 것이기도 하다.

다음 표는 균형심리 독서의 여섯 가지 능력에 대한 것을 한 눈에 볼 수 있도록 정리한 것이다.

균형심리 독서 3366 시스템	
세 가지 독서법	상징 독서 지식 독서 관계 독서
3 단계 의미	개념적 의미 (1 단계) 경험적 의미 (2 단계) 균형적 의미 (3 단계)
여섯 가지 힘	느끼기　　듣기 말하기　　읽기 쓰기　　　생각하기
여섯 가지 능력	창의력　　상상력 기획력　　사고력 리더십　　관계력

앎을 완성시켜 주는 균형심리 독서

우리가 독서를 하는 이유는 세상에 대해서 알기 위한 것이라고 할 수 있다. 그렇다면 우리는 이 세상을 얼마나 알고 있을까? 우리는 그동안 세상을 알기 위하여 지식을 습득하고자 했고, 지금도 지식과 정보를 융합하는 능력을 통하여 세상을 알 수 있다고 생각한다.

먼저 우리가 무엇을 안다고 말하기 위해서는 그것의 양면성을 파악해야 한다. 지적으로 대단히 뛰어난 능력을 가진 아이를 예로 들어 보자. 아이는 자동차와 세계 국가의 이름을 백과사전처럼 막힘없이 외웠다. 사람들은 아이의 지적 수준과 영재성을 높게 평가하며 그를 부러워했다. 하지만 시간이 흘러 지식의 양보다 응용 능력과 대인 관계의 유연성이 중요한 나이가 되자, 아이의 영재성과 창의성이 현저히 떨어졌다.

왜냐하면 아이는 마치 정보를 많이 기록해 놓은 컴퓨터와 같아서, 안타깝게도 그 아이가 알고 있는 많은 지식은 아직 경험하지 않은 개념적 앎의 상태에 머물러 있었고, 그 중 일부분만 경험적 의미가 된 상태였기 때문이다. 이와 같이 걸어 다니는 백과사전이라고 불릴 만큼 영재인 아이들이 지식에 갇혀 있으면, 의외로 소통에 약하고 갈등을 조율하지 못하는 경우를 종종 볼 수 있는 것이다.

그렇기 때문에 앎을 완성하는 독서를 하기 위해 반드시 다루어야 하는 것이 감정이다. 감정은 그것을 느끼는 사람으로 하여금 다양한 의미를 창출하도록 만들어 주는 마술사와도 같다. 뇌 과학자 다마지오(Antonio Damasio)[14]의 환자 사례는 감정이 의미 창출에 얼마나 중요한지를 보여 준다. 그의 환자는 이마엽[15]에 생긴 뇌종양을 제거한 후 몸의 움직임이나 언어, 기억력, 계산과 같은 지적 능력은 정상이었지만, 슬픔이나 불안을 느낄 수가 없고 좋고 싫음 자체를 느끼지 못하였던 것이다. 환자가 슬프고 고통스러운 이야기를 할 때, 본인은 정작 아무런 느낌이 없는데 의사인 다마지오가 환자 자신보다 더 힘들어하였다고 한다.

우리가 어떤 것에 대해서 의미를 정하려면 '좋고 싫음'을 느낄 수 있어야 선택 대상에 대한 최종 판단을 할 수 있게 된다. 그런데 감정을 느끼지 못한다면 아무것도 판단하지 못하게 되고 의미도 정할 수 없게 된다. 안타깝게도 많은 사람들이 다마지오의 환자처럼 수술을 하지 않았는데도 감정이 통제된 채로 살아간다.

사람들이 감정을 느끼는 능력을 상실하고 살아가고 있다는 것을 알

---

14 다마지오는 1994년에 『데카르트의 오류』를 출간했다.
15 대뇌반구의 앞에 있는 부분으로 기억력, 사고력 등을 주관하는 기관

려주기 위하여, 필자는 종종 사람들로 하여금 몸의 반응을 느껴보게 한다. 몸의 반응은 100% 좋은 느낌이거나, 100% 안 좋은 느낌이거나, 좋은 느낌과 안 좋은 느낌이 섞여 있기도 하다. 사람들은 몸에서 좋은 느낌과 안 좋은 느낌이 같이 느껴질 수 있다는 사실에 놀라는데, 이렇게 섞여 있는 상태를 구분할 줄 알게 되면, 자신을 있는 그대로 표현할 수 있게 되어 소통이 보다 더 원활하게 될 수 있다. 그리고 몸의 느낌을 회복할수록 책의 내용과 어떤 사물이나 사건의 양면성에 대해서 더 잘 파악하게 된다. 놀라운 것은, 의외로 많은 사람들이 양면 감정(좋은 느낌과 안 좋은 느낌) 중 한쪽 감정만 느끼고 있다는 사실이다. 양면 감정을 느끼는 작업은 독서 능력을 회복하는 과정 중에서도 아주 중요한 부분이다. 감정을 느끼는 작업을 통해, 사람들로 하여금 자신에게 익숙하지 않은 낯선 느낌들을 경험하도록 해야 하는데, 이때 몸에 쌓여 있어서 몸의 느낌을 통제하는 과거로부터 쌓여온 감정을 푸는 작업이 동반되어야 한다.

필자의 딸 빛고운이가 여섯 살이었을 때 고양이에게 심하게 놀랐던 적이 있었다. 그 후 고양이를 싫어하게 되었고 고양이 외에도 털 달린 동물에 대해 거부감을 갖게 되었다. 빛고운이가 중학생이었을 때, 어느 날 고모가 작고 귀여운 강아지를 데려왔는데, 빛고운이는 강아지를 보자마자 갑자기 다른 방으로 피해 달아났다. 몸 안에 잠재되어 있던 무서운 감정이 건드려졌던 것이다. 나는 빛고운이의 행동이 이해가 안 되어 답답했다. 하지만 어릴 때 미완성된 경험 때문에 쌓여 있는 감정이 건드려진 것임을 알아차리고 감정을 풀어 준 일이 있었다.

그 후 빛고운이는 털 달린 동물이 매우 귀엽고 따뜻하다는 것을 알게 되어 강아지와 함께 잘 놀곤 하였다. 털 달린 동물에 대한 첫 경험이 부정적인 감정을 만들어 냈던 것인데, 이것을 방치하면 동물과 관련된 지식까지 싫어하게 될 수도 있다. 상담을 하다보면 이런 사례를 종종 듣게되는데 안타까운 일이다. 이런 비슷한 경험을 하게 되면 동물과 관련된 많은 기회와 가능성들을 차단하는 인생을 살아가게 될 수도 있다. 이성적으로는 분명히 괜찮다는 것을 알지만 몸이 본능적으로 거부하는 것이다.

　　만물은 자신의 양면성을 스스로 보여 주지 않는다. 따라서 만물의 양면성을 우리 스스로 파악할 수 있어야 한다. 양면성을 볼 수 있어야 앎이 완성되고, 앎이 완성될수록 세상이 보여 주는 것이 어떤 의미인지 제대로 해석할 수 있게 되어 조율이 쉬워진다. '어떤 대상에 대해 양면 감정을 적절하게 느낄 수 있는 힘'이 건강함이다. 이런 과정을 거쳐 우리는 대상의 양면성을 언제 어떻게 사용할 것인지 배우며 세상을 건강하게 해석하게 된다.

21세기 독서 전문가의 자격과 역할

우리는 대부분 자신이 어떤 독서 패턴을 형성하고 살아왔는지 그리고 독서 패턴을 어떻게 회복하고 확장해야 하는지 잘 모른다. 그래서 그러한 작업을 도와줄 새로운 유형의 독서 전문가가 절실하게 필요하다. 그동안 지식 독서 중심으로 활동했던 독서 전문가는, 사람들의 지적 능력과 인지 능력을 키워주는 데 집중했다. 그 이유는 지식 독서에서는 데카르트와 삐아제가 추구한 독서의 방향과 방법론을 따랐기 때문인 것으로 보인다.

삐아제가 정리한 인지발달 단계는 현대 교육학과 독서에 많은 영향을 끼쳤다. 우리는 독서에 대해서 이야기할 때 듣기, 말하기, 읽기, 쓰기, 생각하기, 토론하기를 언급하는데, 여기에서는 느끼기가 빠져있다. 물론 독서 전문가들이 마음에 관심을 갖고 있고 독서 활동에서 참석자들에게 느껴보라고 유도하지만, 인지적인 차원에서의 접근에 그쳐야 했다. 그러나 이제 시대가 변하여 개인의 해석 능력 회복이 중요하게 되었고, 느끼는 능력의 회복을 돕는 독서법이 제시되어야 할 때가 왔다.

인지능력의 향상을 추구하는 독서는 각자가 무엇을 배우고 어떤 것을 깨달았는가를 나누는 토론을 가능하게 한다. 사람들은 독서 토론을 통해 사회적으로 민감한 이슈를 다루기는 하지만, 정해져 있는 정답을 중심으로 서로의 지식과 교훈을 주고받고 토론하는 차원에서 진행된다. 우리는 일시적으로 독서 토론을 통해 무엇인가 얻은 느낌을 받지만, 토론이 삶의 실질적인 변화로 연결되지 못하는 경험을 반복해 왔다. 그러한 독서는 실생활에서 일어나는 갈등과 혼란을 해결하는 데까지 나아가지 못하며, 특히 개개인의 내면에 쌓여 있는 정서적, 정신적 결핍을 해결하지 못하는 경우가 대부분이다.

독서는 원자 차원에서 음(-) 전하와 양(+) 전하의 상호작용에 의해 일어나는 전기적 반응이다. 우리의 눈은 글자나 그림을 전기 신호로 바꾸어 뇌로 보내고, 뇌에서는 과거의 경험과 비교하여 어떻게 처리하는 것이 자신의 균형 회복에 최선인지를 판단하여 다시 전기신호로 바꾸어 신경과 근육으로 보내어 필요한 행동을 하게 한다. 독서를 할 때 각자 안에서 일어나는 전기적 반응은 각자에게는 항상 옳다. 사람들이 같은 것을 보고 해석을 다르게 하거나, 좋고 싫음을 정반대로 느끼는 것은 각자의 균형 회복에 필요한 것이 다르기 때문이다.

사랑에 목마른 사람과 관계를 구차하게 구걸하는 것을 싫어하는 사람이 각각 똑같은 책을 읽는다면 사랑에 목마른 사람은 다른 사람과 잘 지내는 방법에 집중할 것이고, 관계를 구차하게 구걸하는 것을 싫어하는 사람은 혼자서 잘 지내는 방법에 집중할 것이다. 지식 독서에서의 독서 토론은 책에서 각자가 필요한 것을 얻어내는 것이 목표였다.

삶을 변화시키는 창의적이고 치유적인 독서를 하려면, 각자의 해석이 다름을 인정하고, 갈등을 조율하고, 의미를 확장하는 상호 작용 중심의 독서가 필요하다. 인공지능 시대를 맞이하여 이제 독서전문가들은 이전에 하지 못했던 몇 가지의 역할을 담당해야 한다.

첫째, 사람들의 상호 작용 능력을 키워주기 위해 '삶'이라는 텍스트를 활용하여, 독서 지도를 하는 데 필요한 이론과 기술 그리고 전문성을 갖추어야 한다. 이러한 흐름은 자본주의 발전 과정의 흐름과도 일치하는데, 지금은 자본의 중심이 '지식'에서 사회적 자본에 해당하는 '관계'로 이동하고 있기 때문이다. 인간 관계에서 발생하는 갈등을 조율하는 힘이 중요한 시대가 되었다. 시대의 흐름이 지식에서 관계로 바뀌는 과도기에는, 새로운 시대의 필요를 채워주는 능력을 가진 사람이 적어 혼란을 겪기 마련이다. 그러니 우리는 이 시대의 필요에 맞춰 관계의 얽힘을 건강하게 읽어 내고 갈등을 조율하며 이 시대에 필요한 독서를 해야 한다

둘째, 사람들이 경험하고 있는 '불균형의 이슈'가 책, 영화, 친구와의 관계, 음악, 미술, 놀이 등의 다양한 텍스트를 통해 상징의 모습으로 드러날 때, 독서 전문가는 그것을 포착하여 무의식에 들어 있는 문제의 핵심 원인을 찾아내어 풀어 갈 수 있어야 한다. 사람들이 어릴 때부터 어떤 불균형을 겪으며 고통을 견뎌왔는지를 파악하면, 그 사람의

필요에 맞게 도움을 줄 수가 있다. 사람들 각자의 현재 모습은 사람들이 경험한 과거의 사건들이 모여 만들어진 것이다. 따라서 사람들 각자의 이야기 속으로 들어가서, 사람들이 지금까지 어떤 삶을 살았는지 관심을 가지고 파악해야 한다. 이야기를 파악하고 나면 사람들이 해결하고 싶어하지만 해결하지 못해 고통받고 있는 문제의 원인을 이해할 수 있게 된다.

셋째, 사람들이 책의 어떤 내용에 관심을 가지는지 그리고 어떤 말과 행동을 보이는지 관찰하여 눈에 보이지 않는 사람들의 진정한 마음 즉 욕구와 감정이 무엇인지를 파악해야 한다. 누군가 마실 것을 찾는 행동을 한다면 그것은 목이 마른 것이고 무엇인가 먹을 것을 찾는다면 배가 고프다는 것을 알 수 있다. 어떤 사람이 옆에 있는 사람과 다투려고 할 때, 그 사람에게는 다툴만한 객관적인 상황이 있을 수도 있고, 만일 객관적인 이유가 아니라면 무언가 피해를 입었던 과거가 기억나서 이제 더 이상은 피해를 입지 않겠다는 무언의 행동의 반영일 수도 있는 것이다. 그러므로 마실 것을 찾거나 먹을 것을 찾거나 싸우고자 하는 행동의 이면에 있는, 목이 마르거나 배가 고프거나 피해를 입고 싶지 않은 마음이, 바로 우리가 주목해야 할 진정한 이슈이다.

앞으로 독서 환경은 과거보다 훨씬 복잡하고 다양할 것이기 때문에, 다양한 상황(욕구와 관계)에 필요한 책, 영화, 음악, 미술 등에 관한 자료를 공유할 필요가 있으며, 여기에 빠르게 대처할 수 있는 능력이 필요하다. 21세기 인공지능 시대의 독서는, 사람들로 하여금 자신의 내면과 외면에 있는 미지의 세계 그리고 추상적이고 모호한 세계로의 탐험에 필요한 궁금함과 호기심을 제공하게 된다. 자신이 가 보지 못한 곳을 가고자 하는 사람들에게, 자신의 무의식을 읽도록 도와주는 독서는 진가를 발휘할 수 있다. 21세기 독서전문가는 사람들이 성공적으로 경험 읽기를 할 수 있도록 돕는 데 필요한 능력을 갖추어야 한다.

3

세상을 읽는 네 가지 방식

8장

상징으로 세상을 읽다
: 이미지적 사유를 통해 상상력과 창의력을 발휘하다

"상상력 혁명은 논리적 추론적 선형적 사유를 배제하지 않는다. 그것을 전제하고 그 한계를 뛰어넘을 뿐이다. 그것은 합리성에 대한 무차별 공격이 아니다. 합리성이 창의성을 억누르는 지점에서 행하는 즐거운 반역이다."

- 진중권, 『놀이와 예술 그리고 상상력』

상징 독서의 탄생

필자는 종종 독서 수업에 참여한 사람들과 책에 나오는 등장 인물 및 소품을 활용하여 상상 놀이를 한다. 독자들께서는 백설 공주의 '사과'하면 무엇이 떠오르는가? 독서 수업에 참여한 사람들에게 백설 공주의 사과를 떠올려 20초 동안 바라보고 머릿속에 떠오르는 단어나 이미지에 대해서 말해 보라고 하면, 참석자들에게서는 과수원, 원숭이 엉덩이, 빨간 마후라, 피, 사랑, 독, 마녀, 건강 등 각자의 경험과 연관된 이야기들이 나온다. 서로 이야기를 주고받은 후에는, 아래와 같은 대화들이 이어진다.

필 자 : 여러분들이 말한 것들 중에서 사과의 의미로 가장 적합한 것이 무엇인지 골라 보시겠어요?

참석자 : (어리둥절해 하면서) 모든 사람이 다 맞지 않나요?

필 자 : 네, 맞아요. 사람들이 사과를 보며 떠올린 단어나 이미지들

중에서 누구의 것이 옳고 누구의 것이 틀리다고 말할 수가 없어요. 그런데 만약 우리가 사과의 의미를 하나로 정해야 한다면 누가 말한 것을 선택해야 할까요?

참석자 : 글쎄요, 그거 참 어려운 일 일거 같아요.

필 자 : 그렇죠, 당연히 어렵죠. 여러분들이 발표한 단어나 이미지 들이 각자에게는 모두 의미있는 상징이기에 그것을 틀렸 다고 말할 수도 없고 누구 것이 정답이라고 말할 수도 없 어요. 중세 시대에 신의 뜻을 해석해야 했던 교부들도 그런 고민을 했어요. 결국 중세 시대에는 세상의 모든 것이 신의 뜻을 전달하는 상징이라고 보았고 교황청이 신을 대리하여 상징의 의미를 정했어요.

- 중 략 -

중세 시대는 신이 세상을 통치한다고 믿는 시대였다. 당연히 신의 뜻을 알아내는 것을 중요하게 생각했다. 사람들은 보고 느끼고 들을 수 있는 오감을 통해 신이 자신의 뜻을 전달한다고 믿었다. 상징 독서 의 시대가 열린 것이다. 상징이라는 말은 '짜 맞춘다'는 뜻의 그리스어 에서 유래했으며, '부호, 증표, 기호'라는 뜻을 가지고 있다. 상징은 볼 수 없는 추상적인 정신세계를 볼 수 있는 감각과 물질의 세계로 바꿔 준다. 사람들은 신이 만물을 통해 뜻을 알려 준다고 생각했다. 번개나 홍수, 가뭄이 일어나면 그런 현상을 과학적으로 이해할 수 없었기 때 문에 그것을 신이 주는 메시지로 해석했다.

그 당시에는 지성의 근거가 되는 지식이 충분히 없었기 때문에 감성으로 텍스트를 해석하려고 했다. 책이 많지 않아서 일반 사람들이 책을 접할 기회가 거의 없었고, 종교 지도자 또는 일부 수도승들만 제한적으로 글을 읽을 수 있었다. 지식이 보편화되지 않은 사회에서 상징은, 과학적인 근거나 장황한 설명 없이 논리와 이성에서 벗어난 해석을 가능하게 해 주기 때문에, 사회 전체를 통합시킬 수 있는 강력한 수단이었다. 눈에 보이는 세계와 눈에 보이지 않는 세계를 연결시켜 주는 이미지나 몸짓과 같은 상징은, 언어로 표현하기 어려운 메시지를 쉽고 강력하게 전달했다. 이것이 상징 독서의 긍정적인 측면이라고 할 수 있다.

중세 시대에 상징에 대한 해석의 권한은 신의 대리인을 자처하는 교부들이 가지고 있었다. 교부들의 해석이 정확한 해석인지 알기 위해서는 신이 나타나서 직접 말해 주는 것이 가장 좋다. 하지만 그럴 가능성이 거의 없기 때문에 교부들은 상상력과 창의력을 최대한 발휘해서 해석해야만 했다.

상징 독서의 가장 큰 문제는, 사람의 주관적인 경험과 감정을 어떤 대상에 읽어 들여 마음 가는 대로 해석함으로써, 사회 전체를 위험하게 만들 수 있다는 점이다. 중세의 상징 독서는 모든 것을 '신의 축복이냐, 경고냐, 심판이냐'의 세 가지 중 하나의 의미로만 해석하였다. 만약 어떤 것이 신의 경고나 저주를 상징하는 것으로 해석되면, 기도나 제사를 통하여 사람들의 행동을 통제하였다. 상징에 대한 잘못된 해석으로 인해 면죄부 사건, 십자군 전쟁, 천동설과 지동설의 충돌, 마녀 사냥 등과 같은 많은 사회적, 정치적, 종교적 혼란이 일어났고 이러한 혼란은 훗날 지식 독서 탄생의 배경이 되었다.

마녀 사냥 하나만 보더라도, 서구 사회는 약 300년 동안 마녀 사냥이라는 광기에 사로잡혀 있었고, 마녀 재판으로 대략 4만~6만 명이 처형되었다. 1692년 미국 매사추세츠 주 세일럼 지역에서는, 악마라고 여겨지는 185명을 체포해 총 25명이 목숨을 잃는 사건이 발생하였다. 그 당시 미국에 정착했던 청교도들은 악마를 두려워했고, 기근과 질병이나 분쟁이 생기면 악마의 탓으로 돌렸다. 그들은 초자연적 현상에 사로잡혀 원주민과 악마를 한편으로 생각했다. 바람이 불어 창문이 열리거나 나뭇가지가 부러져도 악마나 원주민 짓이라고 생각했다. 안타깝지만 지금도 귀신을 내쫓는다고 사람들을 가두고 학대하다가 죽음으로 내모는 일들이 종종 신문에 보도되고 있는 등, 상징에 대한 잘못된 해석으로 인한 문제들이 여전히 발생하고 있다.

중세 시대의 상징 독서가 지식의 뒷받침이 없어 많은 문제를 발생시키기도 하였지만, 상징 독서 그 자체는 앞으로 더욱 중요해질 것이다. '사랑'을 별과 물과 바람과 연결시켜 표현할 수 있는 것처럼, 상징 독서는 서로 관련 없어 보이는 것들을 연결시켜 의미를 만들어 낸다. 상징 독서는 상상에 기반을 둔 자유로운 연상이 가능하도록 해 주며 상상력과 창의력을 불러일으켜, 물리적인 현실에 갇혀 있는 인간에게 현실을 넘어설 수 있는 힘을 준다. 특히 논리적이고 전형적인 사고의 틀에 갇혀 있는 사람들로 하여금 현실을 극복하고 이상적인 미래를 꿈꿀 수 있도록 상상의 세계를 열어준다.

현대인과 상징 독서

오늘날 상징 독서는 종교 영역이 아니더라도 현대인의 삶에 깊이 뿌리내려져 있다. 상징은 가리키는 대상과의 연상 관계를 통해 의미가 정해진다. 심리학에서는 상징이 인간을 이해하는 중요한 도구임을 깨닫고 적극적으로 활용했다. 프로이트(Sigmund Freud)는 환자들이 자신들의 꿈에 대해 말로 표현하기 힘들어하지만 그림을 그리는 것은 덜 부담스러워 한다는 사실을 알아냈다. 그래서 그는 미술 표현이 인간 정신의 내면 세계를 이해하는 길이 될 수 있다고 믿었다. 이미지는 잊혀지거나 억압된 기억을 나타내며, 상징은 꿈이나 미술작업을 통해 드러나게 되어, 비록 복잡하고 난해한 부분이 있지만 무의식으로 안내하는 아주 중요한 역할을 한다.

가상과 현실의 경계가 무너진 디지털 시대에는 가짜가 진짜보다 더 진짜 같은 세상이 열린다. 레이 커즈와일(Ray Kurzweil)[16]은 그의 저

---

16 구글의 이사

서 『특이점이 온다』에서 2030년 쯤 가상과 현실 사이의 경계가 사라지게 될 것이라고 예측했고, 커뮤니케이션 철학자 빌렘 플루서도 20세기 이후 텍스트가 점으로 분해되어 그 기능을 상실하는 0차원의 탈문자 시대가 올 것이라고 예언했다. 빌렘 플루서(Vilém Flusser)는 그의 저서 『사진의 철학을 위하여』에서, 카메라의 등장으로 인해 문자의 위기가 오고 미래 사회에서는 영상이 지배적인 코드가 될 것이라고 예언했는데, 이미 그렇게 되고 있다.

현대인은 가상과 현실이 섞여 버린 이미지 중심의 세계를 살고 있다. 그렇기에 미래에는 글자보다 이미지를 읽어 내는 능력이 요구된다. 상상력이 진정으로 중요한 시대가 된 것이다. 게다가 인간은 사실을 파악하고 이해하는 것에 만족하지 않고 창의적 활동에 참여하고 싶은 갈망이 크다. 지식 독서 시대에는, 사람들이 책이라는 완성된 텍스트를 수동적으로 받아들이고 그 안에서 변화를 추구하였다. 그러나 이제 그런 흐름에서 벗어나, 이미지 중심의 세상에 적극적이고 능동적으로 참여하여 의미를 찾아가려는 새로운 흐름이 대두하고 있다.

과학 기술의 영향과 문자가 가진 표현의 한계 때문에, 상징 읽기는 미래에도 계속 중요하게 부각될 것이다. 건강한 독서를 하려면 사람들이 같은 것에 대해서 무엇을 상징하는 것으로 바라보고 있는지 파악해야 한다. 피는 누구에게는 죽음을 의미하지만, 누구에게는 희생을 의미하고, 또 다른 누구에게는 생명을 의미한다. 누구의 상징 해석이 맞고 누구의 상징 해석이 틀리다고 말할 수 없다. 각자에게는 그렇게 해석할 수밖에 없는 경험이 있을 것이다. 앞으로는 사람들이 상징 안에 어떤 의미가 숨어 있는지를 파악할 능력을 갖추는 것이 필요한 시대가 되었다. 상징의 의미를 파악하려면 감각 즉 몸의 느낌을 알아차릴 수 있어야 한다. 몸의 느낌은 무의식에 숨어있는 진실로 안내하는데, 어떤 것에 대한 몸의 느낌이 좋은 느낌을 주는가, 안 좋은 느낌을 주는가, 아니면 두 가지의 느낌을 다 주는가에 따라, 상징과 연관되어 있는 어떤 사건을 빠르게 찾아갈 수가 있기 때문이다. 상징에 대한 우리 몸의 반응과 느낌은 무의식에 존재하는 각자의 진실로 안내하는 길잡이가 되어 준다.

9장

지식으로 세상을 읽다
: 문자적 사유를 통해 객관성을 확보하고 의식과 사고의 성장을 이루다

"개인의 자율성을 무시하며 적용된 합리와 규칙은 사람의 영혼을 파괴한다."

- 본문 중에서

지식 독서의 탄생

상징 독서는 상상을 기반으로 한 창의성이라는 면에 그 장점이 있는 반면, 주관적인 감정에 따른 해석이 될 수 있다는 단점이 있다. 그렇다면 상징 독서의 문제점을 극복하기 위해서는 어떻게 해야 할까. 사과를 예로 들어 보자. 각 사람이 사과를 보고 떠올린 단어나 이미지(과수원, 사랑, 마녀, 건강 등)가 각자에게는 의미 있는 상징일 수 있으나, 다른 사람에게는 의미가 없을 수도 있기 때문에 상호간에 갈등이 발생할 수 있다. 그러므로 사과에 대해서 전체 구성원이 동의할 수 있는 의미를 함께 찾아야 한다.

여기에서 지식 독서의 역할이 중요하게 부각된다. 사과에 대한 각자의 상징을 가지고 있는 채로는 모두가 동의하는 의미를 정할 수가 없으므로, 사과에 대한 객관적인 정보를 수집하여 정리하는 과정을 통하여 모두가 동의할 수 있는 객관적인 의미를 찾아낼 수 있다.

중세 시대 후반에 제1세대 지식인이었던 철학자들과 신학자들도 상징 독서가 갖는 한계점을 알고 객관적인 의미를 찾아내는 작업을 하였다. 네덜란드 철학자 에라스무스[17]는 서양 고전인 그리스어와 라틴어 원전의 부흥 운동을 이끌었는데, 이 운동은 당시 가톨릭 교회에 의한 부정부패, 권력 암투 그리고 왜곡된 성경 해석을 바로 잡는데 큰 영향을 주었다.

중세 시대 후반의 지식인들은, 상징 독서에 의해 발생한 혼돈으로 어지러워진 세상의 질서를 회복하기 위해, 해석의 권한을 교부들에게 맡기지 않고 직접 검증하고자 하였다. 그들은 해석의 오류를 고치기 위해, 상징 독서의 주관적 해석의 근거가 되었던 개인의 욕구와 감정을 배제하고, 사실을 객관적으로 파악하는 데 도움이 되는 과학과 이성을 선택했다.

데카르트는 우선 고대로부터 내려오는 신화적인 사고를 없앴는데, 그에게 우주는 생명이 없는 기계 같은 것이었다. 그는 '상상력은 오류의 근원'이라고 단정짓고 이성 중심으로 갈 것을 주장했다. 프랜시스 베이컨(Francis Bacon)은 '아는 것이 힘'이라고 말하며 과학으로 증명된 사실에 근거해 세상의 질서를 회복해야 한다고 주장했다. 중세 시대 후반의 신학자들, 철학자들은 객관성, 투명성 그리고 합리성에 문명이라는 이름을 붙여 중세의 상징 독서가 일으킨 혼란을 정리하고자 하였다.

지식 독서는 이러한 배경 속에서 탄생했다. 지식 독서 시대의 진리

---

17 에라스무스는 'AD FONTES'('근원으로 돌아가자')라는 운동을 통해 그리스어와 라틴어 원전의 부흥 운동을 이끌었다.

는 외부로부터 주어지는 것이 아니라 과학으로 확인되어야 하는 것이었다. 이제 지식은 북극성처럼 사람들이 나아가야 할 방향과 목표를 제시해 주었다. 사람들은 지식을 활용하여 마녀사냥에서와 같이 비합리적인 신념 때문에 헛된 죽음으로 내몰렸던 많은 생명을 구해 냈고, 세계에 질서를 부여하였으며, 인간의 한계를 극복하는데 필요한 도구들을 발명하였다. 또한 지식은 기계 문명과 사회 구조에도 큰 변화를 일으켰다. 지식을 이용한 표준화 작업은 산업 생산성을 효율적으로 높여주었고, 그 덕분에 근대 문명이 빠르게 발전할 수 있었다. 지식은 부와 권력과 명예를 얻는 원천이 되었다.

한편 지식은 인류의 삶을 왜곡시키는 원인이 되기도 하였다. 정답과 오답, 옳고 그름을 나누는 지식 독서는 사람들 자신이 옳다고 믿는 정답 이외의 다른 것들을 배척했다. 지식 독서는 혼돈스러웠던 세상을 깔끔하게 정리하고자 규칙과 질서를 적용했지만, 인간을 객관과 논리의 감옥에 가두었다. 게다가 지식 독서 시스템은 경쟁을 최고의 미덕으로 여긴다. 사람들은 마치 최고의 속도로 달리는 자동차처럼, 더 많은 지식을 습득하기 위해 가속 페달을 밟은 채 발을 떼지 못하는 상태를 유지해 왔다. 멈추면 안 된다. 조금이라도 속도를 늦추면 바로 낙오자가 되기 때문이다. 지식 독서 시스템 안에는 오직 부족한 지식을 채워 넣어야 하는 암기 기계로서의 인간만이 존재했는지도 모른다.

논리, 이성 그리고 합리성은 우리 삶의 중요한 부분이다. 그러나 그것들은 비합리적이고 주관적으로 작동하는 우연과 상상이 작동하는 상태에서만 진정으로 효과를 발휘할 수 있다. 개인의 상상과 자유가 존중되는 상태에서 지식을 통해 조율된 합리와 규칙은 사람의 영혼을 풍요롭게 채워주지만, 개인의 자율성을 무시하며 적용된 합리와 규칙은 사람의 영혼을 파괴하기 때문이다.

이런 환경에서 인간은 지식의 노예가 되어 도구화되기 때문에, 사람들의 삶이 표면적으로는 정돈되고 많은 것들을 성취한 듯 보이나, 삶에 대한 신비로움을 잃어버리고 내면은 비어있는 상태로 있게 된다. 우리가 욕구와 감정을 등한시하고 지식 습득에 열정을 쏟아 부은 결과, 매 순간 변하는 삶의 의미를 포착하여 소통하는 기쁨을 잃어버린 것은 아닐까. 안타깝게도 인간을 인간답게 만들어 주는 욕구와 감정은, 지금도 많은 경우 무시당하고 있다는 생각이 든다.

인공지능 시대와 지식 독서의 한계

　인공지능은 역사상 인간이 발명한 그 어떤 도구보다 더 강력하게 세상을 바꾸고 있다. 고차원의 정보 학습 및 처리 능력을 갖추고, 인류가 축적해 온 방대한 양의 정보를 단시간 내에 분석하여, 보다 직관적이고 능동적인 형태로 결과물을 만들어 내고 있다. 이미 인공지능은 의료, 통번역, 가상 개인 비서 등의 서비스를 비롯해 제조, 금융, 법률, 예술 영역에 광범위한 영향을 미치고 있다. 날이 갈수록 똑똑해지는 인공지능 덕분에 인간은 한 두 마디 말만으로도 업무를 빠르게 처리하고 보다 편리한 일상을 누릴 수 있게 될 것이다.

　물론 인간의 삶에 많은 혜택을 가져올 인공지능에도 허점이 존재한다. 학습되지 않았거나 추론할 수 없는 예기치 않은 상황이 발생할 시 엉뚱한 결과를 내 놓을 수 있다. 또한 주어진 문제를 해결하는 데는 뛰어나지만, 어떤 문제를 어떻게 풀어야 하는지에 대한 윤리적 판단을 내리는데 어려움이 있는 것도 사실이다.

그럼에도 불구하고 인간은 이제 인간보다 뛰어난 지적 능력을 가진 인공지능과 역할을 분담해야 한다. 체스 챔피언인 게리 카스파로프 (Garry Kasparov)는 컴퓨터와 한 팀을 구성해 체스를 두고 나서, "컴퓨터는 나보다 우수한 전술을 가지고 있고, 나는 컴퓨터보다 우수한 전략을 가지고 있다."고 말했다. 그는 "인간은 지식을 머리에 집어넣던 습관에서 벗어나 기획력과 일의 핵심을 꿰뚫어 볼 수 있는 능력을 확보해야 한다."고 하며 인공지능의 발전을 수용하면서 건강하게 공존하는 길을 제시하고 있다.

기획력이란 세상을 새롭게 해석하고 재구성하는 능력이다. 인간이 기획력을 갖출 때, 분산된 정보를 통합해 문제의 핵심과 본질을 꿰뚫어 보는 답을 찾아낼 수 있게 된다. 그런데 여기서 중요한 것은 정보를 통합하고 문제의 핵심을 찾기 위해서는, 감정을 느끼는 능력을 회복해야 한다는 것이다. 무엇보다도 인간의 감정은 기계가 감히 흉내 낼 수 없는 부분이다. 아무리 똑똑한 인공지능이라도 어떤 사람의 '그다움' 또는 '그녀다움'은 파악할 수 없기 때문이다. 인공지능에게 제한된 범위 내에서 감성을 입힐 수는 있으나 핵심을 읽어 내는 인간의 균형 감각을 대체할 수는 없다.

기획력, 핵심을 파악하는 능력, 건강하게 감정을 느끼고 소통하는 능력을 갖춘 사람들에게, 인공지능 시대는 가장 좋은 시대가 될 것이다. 그들은 새로운 시대에 맞는 새로운 가치를 창조할 수 있는 준비가 되어 있다. 하지만 그동안 해 왔던 대로 그저 지식만을 추구하는 사람들에게는, 지금이 최악의 시대가 될 수도 있다. 인공지능과 디지털 기술들이 유달리 빠른 속도로 인간의 능력을 대체하기 때문이다.

세상은 이전에 존재하지 않았던 새로운 가치를 창출해 낼 수 있는 창의적인 인재를 원한다. 부모들은 아이들에게 많이 보여 주고 읽히고 토론하도록 하면 창의성이 생길 것이라고 믿는다. 그리고 아이들이 자율과 자유를 많이 경험하면 민주적인 힘이 생길 것이라고 믿는다. 그러한 노력들이 진정으로 효과를 보려면 정답을 강요하는 지식 독서의 한계를 극복해야한다.

지식 독서는 의미의 혼돈을 피하기 위해 합리성과 객관성을 확보하려고 했고, 그럴수록 욕구와 감정을 배제시켜야 했다. 물이 H2O라는 지식을 알려면, 과학이 필요하지 개인의 욕구와 감정의 개입은 필요가 없었던 것이다. 욕구와 감정은 지식 독서의 방해물이었다. 그러나 아이러니하게도 인공지능 시대가 되자, 인간이 인공지능으로부터 스스로를 차별화하기 위해 욕구와 감정을 다시 회복해야 하는 상황이다.

이제 인간은 건강한 관계 맺음과 판단력의 근거인 욕구와 감정을 잘 느끼는 상태에서 지식을 효과적으로 사용할 수 있는 방법을 찾아야 한다. 이렇게 했을 때 상투적인 시각과 고정된 관념에 갇힌 독서에서 벗어나 새로운 책 읽기를 할 수 있게 된다.

10장

관계로 세상을 읽다
: 관계적 사유를 통해 인간다움을 회복하고 유지하다

"관계 독서는 자신과 타인의 마음(욕구와 감정)을 읽고 그 차이를 조율하는 독서이다."

"한 사람은 우주다. 한 사람을 읽는 것은 우주를 읽는 것이다."

- 본문 중에서

관계 독서의 탄생

지식을 통한 유토피아의 건설은 오직 인간의 사유 속에만 존재하는 신기루였다. 지식 독서의 근간이 되는 이성, 합리, 인지, 의식, 질서, 효율은 인간을 가두는 감옥이 되었고 지식 독서를 추구한 인간은 불행해졌다.

프로이트는 인간의 의식 활동을 지배하는 근본적인 힘이 이성이 아니고 무의식이라는 것을 밝혀냈고, 니체는 인간 존재의 근거가 이성에 있지 않고 의지에 있음을 주장하였다. 양자물리학은 물질을 원자 단위로 쪼갰을 때 그 안이 텅 비어 있고 오직 에너지의 움직임이 서로 얽혀 생성과 소멸을 반복하고 있음을 증명했다.

지금은 세상의 중심이 정신에서 육체(물질)로, 사유에서 경험으로, 이성에서 감성으로, 집단에서 개인으로, 보편에서 특수로, 본질에서 현상으로 옮겨가고 있는 중이다. 눈에 보이지 않는 에너지의 흐름을 읽어 내고 해석하는 능력이 중요한 시대가 된 것이다.

아는 것이 힘이었던 지식시대의 정해진 독서 시스템으로는 세상의 미묘하고 복잡한 얽힘을 유연하게 해석하여 풀어 나갈 수가 없다. 과거에는 전문가의 말을 듣고 따라가면 되었지만 이제는 다양한 관점들 사이에서 스스로 선택해야 한다. 앞으로의 사회는 '주입식 독서'에서 스스로 '얽힘을 해석하고 풀어 가는 능력을 키우는 독서'로 중심이 이동할 것이다. 인간과 인공지능의 공존 그리고 진정한 인간다움의 회복에 필요한 이론과 해결책을 제시함으로써, 새 시대의 파도를 슬기롭게 타고 가도록 돕는 새로운 독서 교육 시스템이 절실하게 필요한 때이다.

상징 독서에서 백설공주의 사과를 주제로 한 독서 수업 이야기를 계속해 보자. 독서 수업에 참여한 사람들은, 상징 독서가 가진 문제점을 해결하기 위하여 사과에 대한 지식을 찾아 정리함으로써, 모든 사람이 동의할 수 있는 접점을 찾아냈다. 사과에 대해서는 "사과의 원산지는 중앙아시아의 초원지대로 우리나라에는 1906년에 도입되었고, 우리나라에서는 국광, 홍옥, 후지(부사) 등의 품종이 주로 생산되며...... 주성분은 탄수화물이고 비타민 C와 무기염류가 풍부하며 당분이 많고......" 등등의 내용으로 정리할 수 있었다.

과학적으로 검증된 사실만을 다루려고 하는 지식 독서는 삶을 정돈하고 편리하게 만들어 주는데 크게 기여했다. 그 결과 현대 과학 기술 문명이 탄생하게 된 것이었다. 이것을 지식 독서의 밝은 면이라고 한다면, 지식 독서의 한계는 인간의 욕구와 감정을 과도하게 삶으로부터 밀어냄으로써 메마른 인간이 되도록 만들었다는 점이다. 욕구와 감정의 소통이 없는 삶은, 사람들 사이를 단절시키고 서로를 도구로 이용하게 만든다. 문명은 발달하는데 인간이 함께 어울려 살아가는 재미를 빼앗아 간다.

사람들은 지식 독서를 통해 사과에 대한 지식을 얻었지만 의미 있는 시간을 보낼 수는 없었다. 잠시 후 사람들은 재미없어 하고 따분해했다. 필자가 참석자들에게 이야기를 건넸다.

필　자 : 여러분 지금 분위기가 달라지셨어요. 재미없어 하시고 따분해하시는데 왜 그러셔요?

참석자 : (재미없는 표정으로 참석자 한 명이 얘기한다.) 사과에 대한 지식을 아는 것이 나름 의미 있지만 재미가 없어요. 나에게 가장 중요한 것이 있는데, 그것에 대해서 아무도 관심을 기울여 주지 않으니까 소외당하는 느낌이 들어요.

필　자 : 네, 그렇게 느끼시는 거 이해해요. 서로 연결이 안 되어 있는 느낌이 들죠? 우리가 지금 몇 시간 지식 독서 수업을 하면서 경험한 것만으로도 이렇게 소외감이 드는데, 지식 독서를 몇 백 년 동안 계속해 왔다면 세상이 어떻게 변했겠어요?

참석자 : 사람들이 미쳐버리지 않았을까 싶어요.

필　자 : 네, 그럴 수 있어요. 지금 우리가 사는 세상이 바로 그렇게 변해있어요. 인류는 지식 독서 덕분에 역사상 전무후무한 경제 발전을 이룩했어요. 그런데 사람들 사이의 관계는 너무 많이 아파요. 지금은 그 아픔이 한계에 도달해 폭발하고 있는 중이에요. 상징과 지식 모두 소중하게 여기면서 재미 있는 독서를 같이 해 봅시다. 백설 공주 등장인물들 중에서 제일 좋아하는 인물이나 제일 싫어하는 인물을 하나씩 골 라 보세요.

필　자 : 누구를 고르셨어요? 그리고 그 사람을 고른 이유가 무엇이 에요?

참석자 : 왕을 골랐어요. 왕을 고른 이유는 자기 딸이 고통 속에 있 는데 아무 조치도 취하지 않고 그냥 방관하는 것 같아서 짜 증이 났어요.

필　자 : 들어 보니 그러네요. 그러면 왕이 어떻게 해 주면 좋겠어 요?

참석자 : 당연히 가만히 있지 말고 보호해 줘야지요.

필　자 : 혹시 지금까지 살아오면서 고통 속에 있을 때 아무도 돌봐 주지 않고 혼자 견뎠던 적이 있나요?

참석자 : 네, 어릴 때 아버지가 무서운 분이었어요. 맨날 화내고 야 단쳤는데 엄마는 도와주지 않고 가만히 지켜보고만 있었 어요.

- 중 략 -

필　자 : 자, 여러분은 지금 관계적인 관점에서 이야기를 바라보는 경험을 하셨어요. 관계적인 관점으로 책을 읽는 것을 관계 독서라고 하는데 지식 독서와 어떤 차이가 나는지 아시겠 어요? 혹시 얘기해 주실 분 계신가요?

참석자 : 지식 독서는 나와 동떨어진 느낌이 들었고, 관계 독서는 한

위의 대화 내용은 지식 독서에서 관계 독서로의 변화 과정을 보여
주고 있다. 지식 독서 시대를 지나면서 독서의 의미가 '책 읽기'에서
'관계 읽기'로 확장되고 있는 지금, 관계 읽기는 우리의 삶에 늘 있었
지만 이제야 우리 눈에 들어오고 있는 것이다. 지금은 세상의 모든 것
들이 센서를 통해 연결되어 실시간으로 데이터를 주고 받는 시대이다.
다양한 SNS로 인해 다른 사람들과 쉽고 편리하게 삶을 공유할 수 있게
되었다. 그러나 사람들과 깊이 있는 관계를 맺지 못하고 살아가면서
느끼는 외로움은 오히려 더 커졌다.

사람들은 사회와 기술의 빠른 변화를 따라가지 못해 방향성을 상
실하고, 다가오는 미래에 무엇을 배우고 어떻게 살아야 하는지에 대해
염려하고 불안해한다. 또한 한꺼번에 쏟아져 나오는 정보와 이를 해석
하는 다양한 관점들 중에서 자신에게 맞는 것이 무엇인지 선택할 수
없어 혼란스러워 한다.

최근 사물과 사물의 상호 작용을 읽는 '인공지능 신경과학'이라는
새로운 학문 분야가 뜨고 있다. '인공지능 신경과학'은 인간과 인공지
능 그리고 인공지능끼리 어떻게 소통할 것인지를 연구하는 학문이다.
인공지능 연구도 관계와 소통을 다루는 수준으로 진화하고 있는 것이
다. 세상의 모든 것은 인간의 마음에서 비롯된다.

관계 독서는 자신과 타인의 마음(욕구와 감정)을 읽고 그 차이를 조율하는 독서이다. 나, 너 그리고 우리 모두가 독서의 주체로 참여하여 관계적인 관점에서 서로의 이야기를 바라보고 연결한다. 우리가 관계 독서를 잘 하려면 한 사람의 마음을 읽는데 최선을 다해야 한다. 그래야 모두의 마음을 읽을 수 있게 되기 때문이다. 한 사람은 우주다. 한 사람을 읽는 것은 우주를 읽는 것이다.

미시(micro)적 관계 읽기

우리는 정답을 정해 놓고 세상을 바라보는데 익숙해져 있다. 그러나 사람은 무한한 가능성을 가졌으며 고정되어 있지 않고 시시각각 변하는 존재이다. 단지 누구의 입장에서 보느냐에 따라 그 모습이 달리 보일 뿐 고정된 모습은 없다. 따라서 사람들의 문제를 해결하기 위해 교과서적이고 표준적인 해법만 제시하는 것으로는 인간의 필요를 채울 수가 없다. 일반적으로 책은, 다수의 사람들을 위해 보편적으로 적용할 수 있는 원칙이나 정답을 이야기할 뿐, 개인적인 차원에서 일어나는 지극히 개인적이고 미시[18]적인 이슈들에 대해서 어떻게 해야 하는지 답을 제시하지 못하기 때문이다.

---

18 미시의 중요성을 가장 잘 설명하는 것이 양자물리학이다. 애리조나대학의 의식 연구소장인 스튜어트 해머오프(Stuart Hameroff) 박사는 "두 개의 법칙이 우주를 지배하는 것처럼 보인다. 수백 년 동안 운동의 법칙을 설명한 뉴턴의 법칙이 적용되는 일상의 삶, 고전적인 세상이 존재한다(거시세계). 하지만 원자처럼 아주 작은 단위로 내려가게 되면 또 다른 법칙이 지배한다. 이것이 바로 양자의 법칙이다(미시세계)."라고 말했다. 미시의 세계에서 확정적인 것은 없다. 그러므로 모든 현상은 확률적으로 계산된다.

그러한 한계를 극복하려면 일상의 조그마한 사건이 관계 속에서 어떤 작용을 일으키는지 알아내고, 그러한 작용이 개인에게 어떤 의미를 주는지 해석할 수 있는 능력을 개개인들이 갖추어야 한다. 문자 읽기에서 벗어나 일상의 조그마한 사건에 얽힌 느낌이나 경험을 읽으려고 할 때, 관계 독서의 길을 찾을 수 있다.

한 사람 한 사람에 대해 미시적으로 접근할 때, 책에서 전달하려는 교훈이나 도덕 또한 가치를 발하게 된다. 사람에 대한 미시적인 접근은 서로를 지지하는 공동체의 작업 속에서 일정한 절차를 통해 완성된다. 무한한 가능성을 가진 사람으로 하여금 순간순간 내면에서 일어나는 자신의 모습을 알아차리고, 알아차린 것을 언어로 정리하고, 정리한 것을 타인과 소통하고, 소통을 통해 의미를 확장해 나가도록 해야 한다. 그렇게 할 때 비로소 의미 있는 삶이 가능해지고 새로운 창조의 장이 열리게 된다.

따라서 관계적 읽기 능력을 회복하려면 욕구와 감정을 건강하게 느끼는 능력을 회복해야 한다. 그 이유는 욕구와 감정이 순간순간 내면에서 일어나는 자신의 모습이기 때문이다. 지식으로 배고픔을 억누르는 것이 불가능한 것처럼, 지식으로 욕구와 감정을 억누르는 것은 애초부터 불가능한 일이었다. 그런데 사람들은 그렇게 불가능한 일을 오랫동안 견디면서 해 왔다.

개인의 욕구와 감정에 기반을 둔 경험은 지식보다 강하다. 예를 들면, 귀신 이야기에 무서움을 느낀 아이는 밤마다 무서워서 엄마와 떨어지지를 못한다. 그런 아이에게 귀신이 없다고 설명하는 책을 읽어

주거나 무서움을 느낄 필요가 없다고 설명하는 동영상을 보여 준다고 해서, 그 아이의 무서움이 없어지지 않는다. 직장에서 다른 사람들과 겪는 갈등 때문에 스트레스가 심한 사람에게, 두려워하지 말고 견디도록 격려하는 자기계발서를 주어서, 그가 그것을 읽는다고 고통이 없어지지 않는다. 이런 상태에서는 아무리 많은 책을 읽어도 의식의 성장이 일어나지 않으며, 설령 일어난다고 하더라도 그것은 자기만의 방식으로 일어난 자기만의 지적 성장과 통찰력일 뿐이다.

사람들은 경험을 통해 자기만의 경험적 의미를 형성하고 살아가고 있기에 그 의미를 파악해야 한다. 상징 독서에서는 사과를 보며 떠오른 상징의 의미를 찾아냈고, 지식 독서에서는 사과 자체에 대한 과학적인 사실을 파악했지만, 관계 독서에서는 사과를 둘러싼 사람들의 욕구와 감정을 보게 된다. 각 인물들 사이에는 수많은 이야기들이 펼쳐진다. 우리는 등장인물들을 통해 현재 우리와 관계 맺고 있는 사람들 및 관계의 상호 작용에 대해서 통찰력을 얻을 수 있다.

인간은 지식과 기술을 사용하여 인간의 능력을 극대화시키는 도구들을 만들어 왔고, 인공지능은 전문직과 사무직 그리고 단순 노동자들의 업무를 빠르게 대체하고 있다. 인공지능의 정보 수집과 분석 능력 그리고 놀라운 판단력은 인간의 역할에 대해 근본적인 질문을 던지고 있다.

정보경제학 분야의 세계적인 권위자인 에릭 브린욜프슨(Erik

Brynjolfsson), 앤드루 맥아피(Andrew McAfee)[19] 교수는 "제1의 기계 시대가 화학 결합에 갇힌 에너지를 해방시켜 물질 세계를 변화시키는 데 도움을 주었다면, 제2의 기계 시대는 인공지능이 인간이 하던 많은 일들을 대체하게 되어 인간은 정신 세계인 창의성과 감수성이라는 힘을 해방시키는 데 초점이 맞추어질 것"이라고 언급했다.

인간이 창의성과 감수성을 회복해야 한다는 말에 동의하지만 그 길은 결코 쉽지 않다. 그 이유는 창의성과 감수성 모두 인간의 내면에서 나오는 능력인데, 사회가 인간의 내면에서 작동하는 욕구와 감정을 있는 그대로 느끼도록 허락해 주지 않는 경우가 많아서, 사람들이 느끼지를 못하거나 느끼더라도 왜곡되게 느끼기 때문이다.

앞으로 생산시스템의 자동화와 효율화로 인한 중산층의 몰락, 장기 실업률의 증가, 노동자 임금 수준의 불평등이 더욱 심화되어 청년 및 하위층에게 미래 사회는 최악의 시대가 될 것이다. 일에서 밀려난 인간이 살아갈 길은 인공지능이 할 수 없는 새로운 가치를 창조하는 능력을 강화하는 기술과 사업을 만드는 일이 될 것인데, 이 때 무엇보다도 중요한 것은 인간을 존중하는 마음을 회복하는 것이다. 그리고 그것은 개인의 느끼는 능력의 회복과 타인의 마음을 읽는 능력을 얻는 것으로부터 시작해야 한다.

---

19   에릭 브린욜프슨과 앤드루 맥아피 교수는 MIT 디지털비즈니스센터에서 근무하며 『제2의 기계시대(The Second Machine Age)』 라는 책을 출간했다.

인공지능 시대 독서의 핵심은 만남

둔재를 천재로 만들려면 고전을 읽게 해야 한다고 한다. 이 말은 반은 맞고 반은 맞지 않다. 맞는 부분은 독서에 성공한 사람들치고 고전을 읽지 않은 사람이 거의 없기 때문이다. 고전은 자신을 성찰하게 하고, 세상을 바라보는 시선에 변화를 주며, 사물의 근원에 대한 호기심을 불러 일으키는 것이 사실이다. 그러나 맞지 않는 부분은 고전을 읽는다고 모두 독서의 효과를 보는 것은 아니다.

요즘 우리 주변에서 고전을 읽는 사람들을 찾아보는 것이 어렵지 않지만, 그들 모두가 독서에 성공하는 것처럼 보이지는 않는다. 역사적 인물들을 살펴보아도 마찬가지다. 마오쩌둥은 중국 내에서도 독서 애호가로 알려져 있고, 마오쩌둥만큼 고전을 많이 읽은 사람을 찾기가 어렵다고 한다. 그는 고전을 읽기 위하여 '삼복사온'[20] 독서법까지 만든 사람이다. 그러나 과연 그를 독서에 성공한 사람이라고 말할 수 있을

---

20 세 번 반복 읽고 네 번 익하는

까? 시대의 독서광으로 알려진 히틀러도 예외가 아니다.

　독서에 성공한 사람과 실패한 사람의 차이는 독서 때문이 아니다. 만약 독서가 성공의 직접적인 이유라면 성공은 너무나 쉬워진다. 독서를 많이 하기만 하면 되기 때문이다. 독서가 모든 문제의 해결책이고 성공의 지름길이라는 믿음은, 지식 중심의 사회에서 나타났던 과도한 지식 숭배 현상이었다. 독서가 중요하기는 하지만 성공의 직접적인 원인은 아니다. 독서가 진정으로 효과를 발휘하려면 책이 아닌 진정한 만남에 주목해야 한다. 진정한 만남을 통해 책을 읽는 사람들이 교감하고 존엄성과 자존감이 회복되어야 한다. 책은 그런 사람에게 날개가 되어준다.

　우리가 독서의 성공 사례로 드는 에디슨, 아인슈타인, 처칠, 이들에게는 책보다도 먼저 그들의 존재를 받아주기 위해 애썼던 어머니가 있었다. 에디슨은 우리가 익히 아는 것처럼 학습부진아에 ADHD 성향이 있었고, 아인슈타인 역시 제대로 학습을 할 수 없었으며, 처칠은 우울증에 말까지 더듬었다. 이들이 개인적인 어려움을 극복하고 자신의 길을 갈 수 있었던 직접적인 이유는 부모와 깊이 만난 경험이었다. 책은 그 상호작용의 도구로써 지적인 필요를 채워주는 역할을 했다.

　마음의 교감을 통한 존엄성과 자존감의 회복이 없는 독서는 영혼을 파괴하며, 천재도 실패하게 만든다. 아이에게 책만 읽어 주거나 지식만 습득하도록 강요하는 것은 영혼을 피폐하게 만든다. 독서에 성공하려면 먼저 마음을 읽어야 한다. 그러면 책 읽기는 저절로 따라온다.

관계 독서 사례

공격의 도구로 사용된 지식

평소 존경하는 어느 초등학교 선생님의 전화를 받았다. 반에 갈등이 심한 아이 둘이 있는데 화해시키려고 모든 방법을 다 사용해 보았지만 소용이 없자 조언을 구하기 위한 것이었다. 선생님은 두 아이가 공부도 잘하고 똑똑한데 왜 그렇게 서로를 미워하는지 모르겠다고 안타까워했다.

필자가 두 아이를 직접 만났다. 현석이(가명)와 민규(가명)는 서로를 미워하고 비아냥거렸다. 현석이가 민규를 재수 없다고 하자, 민규는 현석이를 돼지라고 놀렸다.

필　자 : 현석아, 민규야. 너희 둘 다 표정이 안 좋은데 무슨 일이
　　　　야?

민　　규 : 현석이가 자꾸 참견하니까 짜증나요.

필　　자 : 그래? 어떻게 참견하는데?

민　　규 : 나한테 재수 없는 애라고 해요. 내가 급식을 왜 잘 안 먹는
　　　　　지 모르겠다면서 굶어 봐야 음식의 소중함을 알게 된대요.

필　　자 : 그렇구나, 왜 화가 나는지 이해가 됐어. 그럼 이번에는 현
　　　　　규 얘기를 들어 보자. 현규는 무엇 때문에 화가 난거야?

현　　석 : 민규가 음식가지고 투정 부리는 게 싫어요. 내가 틀린 말
　　　　　하는 게 아닌데 받아들이지 않고 나를 돼지라고 놀리니까
　　　　　화나요. 죽여 버리고 싶어요.

필　　자 : 그렇구나, 민규가 너의 말을 듣지 않아서 화가 났구나. 알
　　　　　겠어. 그리고 민규가 너를 돼지라고 부른다고 했는데 그건
　　　　　왜 그런 거야?

현　　석 : 내가 음식을 너무 밝힌대요. 나에 대해서 알지도 못하면서
　　　　　함부로 얘기해요.

필　　자 : 그렇구나, 알겠어. 너희들 얘기를 들어 보니 어떤 상황인지
　　　　　조금 이해가 된다. 동시에 너희에게 궁금한 게 생겼어. 먼
　　　　　저 현석이한테 물어보자. 현석아, 조금 전에 네가 음식을
　　　　　밝힐 수밖에 없는 이유가 있다고 했는데 그 이유가 뭔지 말
　　　　　해 줄 수 있어?

현　　석 : 네. 나는요, 어릴 때 엄마가 일하시느라 내가 밥을 챙겨먹
　　　　　어야 했어요. 엄마는 아빠가 아프시니까 일 나가셨어요. 나
　　　　　는 밥을 챙겨주는 집에서 살고 싶었어요.

필　　자 : 아, 그렇구나. 네가 그래서 이렇게 음식을 중요하게 생각하

게 되었구나. 그래 그럼 이번에는 민규한테 물어보자. 민규야, 너는 음식이 싫다고 했잖아. 혹시 그렇게 된 계기가 있다면 얘기해 줄 수 있어?

민 규 : 네. 나도 있죠, 엄마가 나를 건강하게 키운다고 음식을 열심히 하셨는데요. 먹기 싫다고 해도 억지로 먹어야 했어요. 우리 엄마 너무 싫어요.

필 자 : 그랬구나, 네가 왜 그렇게 음식에 대해서 까다로운지 알겠어. 너희 둘 다 얘기해 줘서 고마워. 그런데 너희 둘 다 이 얘기 서로에게 들어 본 적이 있니?

민 규 : 아니요.

현 석 : 아니요.

필 자 : 알겠어. 그럼 지금 들어 봤는데 너희들 마음이 어떤지 같이 나눠보자. 누구부터 얘기해 볼래? (기다려준다.) 음, 너희가 보니까 무슨 말을 해야 할 지 모르겠다는 표정이네. 그럼 내가 물어봐 줄게. 아까 현석이가 먼저 얘기했으니까 이번에는 민규가 먼저 얘기해도 될까?

민 규 : 네, 알겠어요.

필 자 : 민규야, 현석이가 음식을 중요하게 생각할 수밖에 없는 이유를 얘기 했는데 그 얘기를 들으니까 이해가 되니, 안되니 아니면 두 마음이 다 있니?

민 규 : 네, 이해 돼요. 그렇지만 화나요. 자기가 그런 일이 있었다고 왜 나한테 그 속상한 마음을 푸는 건데요?

필 자 : 그래, 그렇게 느낄 수 있지. 많이 억울하구나. 그래 이번에

는 현석이에게 물어보자. 현석아, 너는 민규가 음식에 대해서 싫어할 수밖에 없게 된 얘기를 들었을 때 이해가 되니, 안 되니 아니면 두 마음이 다 있니?

현　석 : 나도 이해는 돼요. 하지만 민규가 얄미웠어요. 나는 누려보지도 못한 것을 재는 지겹다고 싫어하니 짜증났어요.

필　자 : 그랬구나, 그렇게 느낄 수도 있었겠다. 현석아, 민규가 너에게 잘못한 것도 아닌데 미움을 받으니까 힘들다고 하네. 그 말이 받아들여져?

현　석 : 네, 받아들여져요. 억울하겠죠.

필　자 : 그렇구나. 이제 보니 너희 둘 다 어린 시절에 경험한 음식에 대한 상처 때문에 이렇게 되었구나. 서로가 상처를 자극할 수밖에 없었네. 너희들은 이제 어떻게 되기를 바라니?

현　석 : 민규를 비난하지 않을게요.

필　자 : 민규야, 현석이 말 들으니 받아들여지니?

민　규 : 좋기는 하지만, 정말 그럴까 모르겠어요.

필　자 : 아직은 믿음이 안 가는구나. 그럴 수 있지. 현석아, 민규가 너의 말을 듣고 좋기는 한데 아직 믿음이 가지는 않나봐. 괜찮아?

현　석 : 네, 그럴 수 있죠.

필　자 : 그래 알았어. 민규아, 너는 현석이에게 뭐라고 말해 주고 싶어?

민　규 : (멋쩍어 하면서 머뭇거린다.) 나도 현석이가 왜 그렇게 음식에 대해서 까다롭게 행동하는지 이해가 됐어요. 미안하

필　자 : 그래. 그 말을 직접 현석이에게 해 봐.

(민규와 현석이는 서로의 마음을 주고받으며 풀어 나갔다.)

위의 대화는 민규와 현석이의 음식에 대한 각자의 경험이 어떻게 다른 의미를 만들어 내어 두 사람의 소통을 방해하고 고통을 주는지를 보여 준다. 두 사람이 서로를 이해할 수 없는 상태에서 지식은 상대방을 공격하기 위한 도구로 사용된다.

다행스럽게도 민규와 현석이는 음식에 얽힌 자신들의 경험을 나누며 서로 해석을 정반대로 할 수밖에 없는 상황을 이해하게 되었다. 그러자 문제를 상대의 탓으로 돌리지 않고 자신의 경험 때문이라는 것을 인정하게 되었다. 일단 문제가 자신에게 있다는 것을 알게 되면 상대방을 비난하는 대신 자신의 마음을 다시 돌아보게 된다. 민규와 현석이는 관계 독서의 과정에서 느꼈던 상대방에 대한 마음을 표현하며 관계를 회복할 수 있었다.

다른 사람의 돈을 훔쳤을 때

지갑에서 허락 없이 돈을 꺼내간 아들을 어떻게 대해야 할 지 고민하는 엄마가 있다. 만약 엄마가 "도둑질은 나쁘다."는 정답에 갇혀 있다면 아이를 도둑으로 단정짓고 야단치는 것 말고 할 수 있는 일이 없을 것이다. 그런데 엄마가 아이의 행동을 관계적 관점에서 본다면 서로의 마음을 표현하고 답하는 대화를 할 수 있게 된다. 아이가 거짓말을 한 것은 사실이지만 야단부터 치지 말고, 아이가 어떤 균형을 맞추려고 그렇게 행동했는지 물어본 후, 그 행동이 서로의 관계에 어떤 영향을 미치는지 마음을 나누고 조율한다면, 건강한 수치심과 슬픔과 고마움을 동시에 느끼며 인간다움을 경험할 수 있게 된다.

아이가 지갑에서 돈을 가져간 이유는 최소한 몇 가지 중 하나일 것이다. 아이의 행동을 정당하게 설명해 주는 이유도 있을 것이고, 아이의 왜곡된 욕구 때문에 다른 사람이 피해를 입게 된 이유도 있을 것이다. 엄마와 아이는 그러한 이유들 중 어떤 것이 아이가 돈을 가져간 진짜 이유인지 그리고 그 안에 숨어 있는 욕구가 무엇인지 찾아내어 이야기하고, 마음 아파하고 슬퍼하고 용기를 주는 과정을 나눈다. 균형 심리 독서 전문가인 아카시아 님이 다룬 민수(가명)의 사례를 소개하려고 한다.

전문가 : 어머니 무슨 일이 있었는지 말해 주실래요?

엄　마 : 민수가 내 지갑에서 돈을 가져갔어요. 내가 그 사실을 알고 혼내주고 때려 줬어요.

전문가 : 민수야, 엄마 말이 맞아? 아니면 엄마가 오해하는 부분이 있으면 얘기해 줄래?

민　수 : 몰라요, 기억 안 나요. 졸려요.

전문가 : 그렇구나, 알겠어. (다른 아이들을 향하여) 자! 얘들아, 너
       희들도 이런 경험이 있니?

아이들 : (조용하다. 아무도 말을 안 한다.)

전문가 : 선생님은 어렸을 때, 집에 아무도 없으면 한 번씩 아빠 돈
       을 몰래 가져가서 과자를 사먹은 적도 있고 마트에 가서 물
       건을 몰래 가져 온 적도 있어. 너희들은 어때?

아이A : (한참 뜸을 들이다 겸연쩍게 말을 하기 시작한다.) 저도 그
       런 경험 있어요. 집에서 돈도 훔쳤고 마트에서 껌도 훔쳐
       봤어요. (큭큭거리며 웃는다.)

아이B : 저도요, 엄마 지갑에서 돈도 가져가 보고 저금통을 턴 적도
       있어요. (큭큭거리며 웃는다.)

전문가 : 그래, 이야기해 줘서 고마워. 그럴 때 마음이 어땠어?

아이들 : 너무 불안하고 불편하고 힘들었어요. 그리고 꼭 걸려요. 엄
       마가 알게 되어서 야단을 맞았어요. (큭큭거리며 웃는다.)

전문가 : 그래, 그 행동을 옳고 그름으로 판단하게 되면 그른 일이
       되니까 야단을 맞는 게 당연하지.

아이들 : 잘못한 게 아니에요?

전문가 : 옳고 그름으로만 보면 잘못한 거지. 잘못한 거라고 배웠으
       니 당연히 혼날 것이고. 그런데 선생님은 이걸 균형 맞추기
       로 보고 싶은데... 우리는 균형이 깨지면 균형을 맞추기 위
       해서 필요한 것을 하거든. 예를 들면, 목이 마르면 어떻게
       하지?

아이들 : 물을 마셔요.

전문가 : 그럼 배가 고프면?

아이들 : 음식을 먹겠죠.

전문가 : 그럼 피곤하면 어떻게 해?

아이들 : 쉬거나 잠을 자겠죠.

전문가 : 그래, 뭔가 균형이 깨지면 균형을 맞추기 위해서 뭔가를 찾게 되지. 너희들도 물건을 훔치거나 돈을 가져가거나 했을 때 마음이 편해 불편해?

아이들 : 당연히 불편하죠. 아우, 미쳐요. 불안하고 죄책감도 들고 힘들어요.

전문가 : 그래, 그렇게 불안하고 불편하면 안 해야 하는데 꼭 할 수밖에 없는 이유가 있을 거야.

아이들 : 글쎄, 잘 모르겠어요.

전문가 : 그래, 모를 수 있어. 선생님은 어릴 때 사고 싶고, 먹고 싶은 게 너무 많았는데 부모님이 항상 안 된다고 하셨어. 그래서 너무 채우고 싶었어. 항상 허전했거든. 내 마음을 알아주는 사람이 아무도 없었어. 너희들도 그런 마음이 있을 텐데 그 마음에 대해 누가 물어봐 준 적 있니?

아이들 : 없어요, 학교에서도 집에서도 항상 벌 받고 야단맞고 그렇죠 뭐.

전문가 : 그래 어른들도 잘 모를 수 있어. 어른들도 그렇게 받아본 적이 없거든. (엄마를 향하여) 여기까지 대화를 들어 보셨을 텐데 어떤 부분이 보이세요?

엄　마 : 민수한테 미안해요. 아이 마음을 너무 몰라준 거 같아요.

전문가 : 민수야, 엄마 말 들으니 어떠니?

민　수 : 음, 마음이 좀 편해져요.

전문가 : 민수가 엄마 지갑에서 돈을 몰래 가져간 이유가 있을 텐데 뭐야?

민　수 : 저도 제 마음대로 불량식품도 먹고 아무거나 사고 싶었어 요. 엄마는 몸에 좋지 않다고 항상 유기농만 사주시거든요.

전문가 : 아, 그랬구나. 민수 마음이 이해가 되네. 어머니는 민수의 말을 듣고 어떠셔요?

엄　마 : 내가 진짜 아이 마음을 몰랐던 거 같아요. 아이에게 좋은 것만 주고 싶은 마음이었는데 아이는 힘들었겠네요. 저도 어렸을 때부터 도둑질은 무조건 잘못된 것이니 버릇되기 전에 혼내서 고쳐야 한다고 배웠거든요.

전문가 : 네, 우리가 다 그렇게 배웠어요. 엄마가 지금 민수에 대해 서 좋은 마음과 안 좋은 마음 둘 다 느끼실 거예요. 그 마음 그대로 표현해 보실래요?

엄　마 : 민수야, 엄마가 너를 위한다고 유기농만 사줬는데 그것이 오히려 너의 욕구를 무시한 거였네. 너의 마음을 몰라줘서 미안해. 엄마가 앞으로는 너의 욕구를 존중하도록 노력할 게.

전문가 : 민수야, 엄마 말 들으니까 좋아, 안 좋아 아니면 두 마음이 다 있어? 엄마에게 표현해 줄래?

민　수 : 좋기도 하고 안 좋기도 해요. 좋은 건 엄마가 나의 마음을 이해해 준 것이고, 안 좋은 건 엄마 마음을 아프게 한 거예요. 앞으로는 이야기를 잘 할게요.

전문가 : 엄마와 민수가 서로의 마음을 더 깊이 알게 되었네요. 마음을 나눠줘서 고마워요.

엄마와 민수는 상대방의 행동을 옳고 그름으로 판단하여 비난하는 것을 멈추고, 자신의 욕구와 감정을 정리하여 표현했다. 그리고 상대방의 욕구와 감정이 무엇인지 들어 보고 몰랐던 마음을 알아 갔다. 그렇게 되자 서로에 대해서 이해하게 된 부분은 내려놓게 되고, 이해되지 않은 마음에 대해서만 추가적으로 소통해 나갈 수가 있었다.

관계 독서는 깨어진 관계와 인간의 마음을 치유하고, 추상적이고 모호한 사건에 대해 균형의 관점에서 언어로 정리하여 표현할 수 있는 능력을 길러준다. 이러한 독서를 연습한 아이는 다른 사람과 함께 상생, 소통, 나눔, 공감을 실천하는 삶을 살아가는 법을 배울 수 있다. 또한 책을 읽을 때 자신의 욕구와 감정 뿐 아니라 다른 사람의 욕구와 감정을 함께 볼 수 있게 된다. 사람들은 서로를 비난하고 처벌하는 대신, 관계 독서를 통해 사건에 숨어 있는 욕구와 감정을 읽고 나누며 서로를 만날 수 있다. 또한 욕구와 감정을 알아차림으로써 건강하게 표현하고 조율을 통해 갈등을 해결하는 방법을 배우게 된다.

이상에서 상징 독서, 지식 독서, 관계 독서에 대해 살펴보았는데 건강한 독서를 하기 위해서는 이 세 가지의 독서를 필요에 맞게 골라서 사용함으로써 삶의 균형을 유지하는 것이 필요하다.

다음 표는 상징 독서, 지식 독서 그리고 관계 독서가 어떤 시대적 필요에 의해 개발되었고, 어떤 역할을 수행했으며, 어떤 문제와 한계를 드러냈는지 한 눈으로 볼 수 있도록 정리한 것이다.

시대별로 변화된 독서법			
시대	중세	근·현대	현대 이후
독서법	상징 독서	지식 독서	관계 독서
시대적 패러다임	신의 시대, 계시의 시대	지식의 시대	관계의 시대
해석의 기준	신	지식(정답)	관계에 대한 통찰력
해석의 주체	종교지도자	지식인	개인
해석의 도구	상징 (번개=신의 경고, 저주)	개념 (번개=전기현상)	상호 작용을 통한 의미 파악 (번개=각자에게 어떤 의미인가를 파악)
갈등 해결방법	신의 뜻	과학, 객관, 역사적 자료	소통을 통한 조율
능력의 기준	상상력	지식의 양	의미를 파악하고 조율하는 힘
문제점	의미의 혼돈	정답의 감옥에 갇힘	관계에 따라 옳고 그름을 주관적으로 결정

상징 독서, 지식 독서, 관계 독서가 모두 다같이 중요하고 고유한 역할을 하기에, 필요에 알맞게 사용하는 독서를 하게 된다. 이를 균형심리 독서 활동이라고 부른다.

11장

균형으로 세상을 읽다
: 상징, 지식, 관계 독서의 통합

"상징 독서와 관계 독서를 통해 자신의 정서적, 정신적, 관계적 필요를 찾아 해결하고 나면, 이야기와 연결되고 지식에 대한 개인적인 호기심이 생겨 생생하고 살아있는 지식 독서를 하게 된다."

- 본문 중에서

균형심리 독서의 탄생 - 세 가지 독서의 통합 -

균형심리 독서란 상징 독서, 지식 독서, 관계 독서를 필요에 맞게 골라서 사용함으로써 삶의 균형을 유지하는 독서법이다. 상징 독서는 이미지적 사유를 통한 자유로운 연상을 가능하게 해 주기 때문에, 상상력과 창의력을 마음껏 발휘할 수 있으나, 객관성과 합리성이 뒷받침이 안 되면 혼돈과 무질서가 극대화된다.

지식 독서는 문자적 사유를 통해 인과를 따져봄으로써 무질서를 바로잡을 수 있지만, 과도한 합리성과 객관성으로 사람들의 개성과 창의성을 억압한다. 관계 독서는 개개인의 필요와 문제를 소중하게 여겨 각 사람에게 맞는 문제 해결책을 찾아갈 수 있도록 하지만, 우호적인 관계가 형성되어있지 않은 사람에게는 편견을 가지고 대할 수 있다.

다양한 문제들에 대해서 통일된 답을 제시하려고 했던 중세 시대가 한계를 드러냈고, 보편적인 이론으로 문제를 해결하려고 했던 지식 시대도 한계를 드러낸 상황에서 이제 상징 독서, 지식 독서, 관계 독서를 필요에 맞게 골라 사용할 수 있는 능력이 필요하다.

2016년에 MBC에서 류준열과 황정음 주연의 '운빨 로맨스'라는 드라마를 방영했다. 이 드라마는 미신을 맹신하는 심보늬(황정음)와 수학과 과학에 빠져 사는 공대 출신의 게임회사 CEO 제수호(류준열)가 벌이는 로맨틱 코미디이다. 독서의 관점에서 보면 심보늬는 점을 통해 자신의 운명과 사랑의 길을 찾으려는 상징 독서를 했고, 제수호는 미신을 거부하고 객관적인 사실에 근거한 지식 독서를 한 셈이다. 다른 독서법을 사용하는 두 사람 사이의 좁혀질 수 없는 간극과 충돌은 서로에게 아픔을 주었지만, 시간이 가면서 관계 독서를 통해 서로를 더 깊이 이해하고 알아가게 되었다. 심보늬와 제수호가 관계 독서를 통해 상징과 지식을 통합하고 사랑을 이루어간 것처럼, 우리도 세 가지 독서를 필요에 따라 건강하게 잘 사용하는 것이 필요하다.

세 가지 독서법이 이 시대의 가족 안에 어떤 모습으로 존재하는지 혜정(가명)이의 가족 이야기를 통해 살펴보자. 금요일 저녁 혜영이와 혜정이는 TV를 보다가 잠들었고, 엄마는 종교 모임에 참석하러 갔으며, 아빠는 회사 직원들과 회식 중이다. 밤 11시를 지나 천둥 번개를 동반한 소나기가 내리기 시작하자, 혜정이는 잠에서 깨어나 울기 시작했고 혜영이는 엄마 아빠에게 전화해서 빨리 집으로 오라고 말했다. 엄마는 서둘러 집에 돌아왔고 아빠는 회식이 끝나서야 집에 돌아왔다.

엄　마 : 여보, 당신 언제 정신차릴 거야? 당신이 직장 핑계대고 가정을 돌보지 않으니까 하늘이 우리 집에 경고하잖아?

아　빠 : 당신 또 이상한 말한다. 내가 뭘 어쨌다고 그렇게 말해? 갖
　　　　다 붙일 걸 갖다 붙여야지.

엄　마 : 정말 답답해. 당신이 자꾸 밖으로 돌면서 아이들하고 놀아
　　　　주지도 않고, 좋은 일도 안 하잖아.

아　빠 : 참 나 원, 내가 지금 놀러 다니는 게 아니잖아. 당신이 직장
　　　　생활을 해 봐. 당신과는 대화가 안 통해. 당신은 뭐든지 이
　　　　래서 안 된다, 저래서 안 된다고 말하니, 당신 생각에 도대
　　　　체 이 세상에서 되는 건 뭐야?

혜　영 : 엄마 아빠는 또 싸워. 어휴! (방으로 들어간다.)

혜　정 : 엄마, 나 무서워. (엉엉)

엄　마 : (남편을 향하여) 당신은 지금 딸이 우는 모습 보면서도 그
　　　　렇게 말해? 정말 화나. 당신은 벌을 받아야만 정신을 차리
　　　　게 될 거야. 오늘도 혜정이가 잠이 깼을 때 혼자 있으니까
　　　　무서워서 울었잖아. 당신이 집에 일찍 들어왔으면 괜찮았
　　　　을 거 아니야.

아　빠 : 아니 왜 내 탓을 해. 지금 혜정이가 무섭다고 하는 게 내 책
　　　　임이야? (혜정이를 보면서) 혜정아, 아빠 말 들어 봐. 천둥
　　　　번개는 자연현상이야. 너 과학 동화 읽어 봤지? 거기 보면
　　　　하늘에서 뜨거운 공기와 찬 공기가 만났을 때 전기가 발생
　　　　하면서 번개도 치고, 천둥 소리도 만들어진다고 하잖아. 그
　　　　러니까 무서워하지 마. 이제 아빠하고 엄마가 집에 왔잖아.

엄　마 : 너희 아빠가 정신을 못 차려서 하늘이 경고를 하시는 거야.

네 아빠가 정신을 차려야 우리 집이 괜찮아질 거야. 아빠가
집에서 너와 함께 있었으면 이런 일이 안 일어나잖아. 내가
아무리 선행을 하고 기도를 하면 뭐하냐. 네 아빠가 저렇게
말을 안 듣는데······

아　　빠 : 아이 정말, 그렇게 말하지 말라고. 내가 이 집을 나가든가
해야지.

혜　　정 : 왜 자꾸 싸워, (엉엉) 나 무섭단 말이야.

　　필자는 종종 독서 강의에 참여한 분들에게 이 이야기를 들려준 후,
각각의 입장에서 누가 가장 잘 이해가 되는지 손을 들어 보라고 한다.
그러면 참석자들은 각기 아빠의 입장, 엄마의 입장 또는 딸들의 입장
에 공감하며 손을 든다. 그리고 나서 어떤 면에서 공감이 되는지 이야
기를 들어 보면, 그 이유들은 모두 일면 타당한 점들이 있다. 이 가족
의 대화에는 역사적으로 발전해 온 세 가지 독서법이 섞여 있다. 엄마,
아빠, 혜정이의 독서를 각자의 입장에서는 이해 못할 것도 없지만, 세
상을 보는 방식이 다르니 당연히 오해가 생기고 갈등이 일어날 수밖에
없다.

　　엄마는 상징 독서를 하고 있다. 그녀는 천둥 번개를 신의 경고 또는
저주의 상징으로 받아들이기 때문에 불안과 걱정이 생겼다. 가족이 행
복해지려면 남편이 성실하고 바른 삶을 살아야 한다고 결론을 내린다.

　　아빠는 지식 독서를 하고 있다. 천둥 번개는 그저 자연현상일 뿐이
기 때문에 그 원리를 알면 무서워할 필요가 없다고 이야기한다. 당연

히 하늘 (신)이 주는 메시지라고 주장하는 아내의 말이 받아들여지지 않을 뿐 아니라, 무서움을 느끼는 딸에게도 무서움을 느낄 필요가 없다고 설득한다. 지식 독서 입장에서 천둥 번개는 신의 메시지가 아니라 과학적 현상이다. 지식 독서는 상징이나 관계적인 요소를 고려하지 않고 모든 사람이 받아들일 수 있는 객관적인 사실만 강조한다. 그래서 과학적 원리에서 벗어나는 말이나 감정은 옳지 않은 것으로 여기고, 사람의 마음은 독서의 대상에서 제외된다. 우리는 지금 지식 과잉의 시대를 살아가고 있으며 지식은 앞으로도 계속 늘어날 것이다. 그러나 장마에 마실 물 찾기가 더 어려운 것처럼 풍요로운 지식의 시대에 우리는 정작 우리 자신에게 꼭 필요한 지혜를 찾아내는 데 어려움을 겪고 있다.

혜정이는 관계 독서를 하고 있다. 신이나 지식에 대해서 잘 모르고, 당장 천둥 번개 때문에 느끼는 무서움으로부터 벗어나고 싶어한다. 그런데 엄마, 아빠는 혜정이의 무서움을 알아주거나 함께 공감해 주지 않고 각자의 입장에서만 이야기한다. 혜정이에게 필요한 것은 상징이나 지식이 아니라 단지 자기를 보호해 줄 사람인데, 정작 엄마와 아빠 모두 딸이 원하는 것을 주지 못하고 있다.

모든 사람은 관계 속에서 보호받고 존중받고 싶어 하지만, 그렇게 되지 못하기 때문에 갈등이 일어나게 되고 또 모두 고통 가운데 있게 된다. 사람들은 아는 것이 많을지 몰라도 서로 소통이 되지 않고, 서로 말을 주고받아도 서로가 어떤 뜻으로 말하는지 그 핵심을 파악하지 못하는 때가 너무도 많다. 관계를 회복하기 위한 노력에 에너지를 쏟지 않는다면 갈등은 더 심해지고 고통은 계속될 것이다.

'천둥 번개는 무엇인가?'라는 질문에 대해서 상징, 지식, 관계 독서는 각각 다른 답을 제시한다. 엄마는 "천둥 번개는 하늘(신)이 사람들의 죄악을 경고하기 위해 정신 차리라고 보내주는 신호"라고 답하는 반면, 아빠는 "천둥 번개는 뜨거운 공기와 찬 공기가 만났을 때 전기가 발생하면서 일어나는 자연현상"이라고 답한다.

그렇다면 혜정이에게 천둥 번개는 무엇일까? 천둥 번개는 혜정이로 하여금 엄마 아빠를 찾게 만든 원인이다. 혜정이는 "무서워서 보호받고 싶어서 엄마 아빠를 찾았지만, 엄마 아빠가 다투기만 하고 위로해 주지 않아 슬프고 속상했다."라고 답한다. 이때 상징이나 지식은 고려하지 않는데 이것이 관계 독서다.

세 가지 독서법 중 어느 하나만을 정답이라고 할 수는 없다. 모두 정답이 될 수 있지만 모두 오답이 될 수도 있다. 정답인지 오답인지는 상황 속에 있는 인물들의 상호 작용에 의해 정해진다. 세 가지 독서를 모두 할 줄 안다면, 자신이 전달하고자 하는 뜻을 정확하게 소통할 수 있고, 다른 사람이 무엇을 말하려고 하는지도 파악할 수 있게 된다.

혜정이는 엄마 아빠에게 이렇게 말할 수 있다. "엄마 아빠, 나는 천둥이 치니까 너무 무서웠어요. 위로받으려고 엄마 아빠에게 말했는데 엄마가 하늘의 경고라고 말하니까 우리에게 정말 안 좋은 일이 일어나면 어떻게 하나 불안했어요. 아빠는 천둥 번개가 자연현상이어서 무서워할 필요가 없다고 하니까 무서움을 느끼는 내가 이상한 사람인가 싶었어요." 상황에 대해 분명하게 인식한 후 엄마나 아빠가 상징 독서,

지식 독서, 관계 독서를 필요에 따라 적절하게 사용한다면, 가족은 서로의 마음을 읽고 서로 자신의 입장을 표현하고 얽힘을 풀어 나갈 수 있게 되어, 의미 있는 독서 활동을 할 수 있게 될 것이다.

시대를 거쳐 발전해 온 상징 독서, 지식 독서, 관계 독서는 모두 다 같이 중요하지만 각각 그 역할이 다르다. 세 가지 독서를 적절하게 사용함으로써 의미 있는 독서 활동을 하는 것을 균형심리 독서라고 한다. 균형심리 독서는 독서 능력의 회복을 통해 다음에 제시된 네 가지 과제를 해결하려고 노력한다.

첫째, 지식에 갇힌 우리 아이들이 선택의 자유를 회복하도록 한다. 선택의 자유를 회복하는 삶은 인간의 존엄성을 회복하는 것과 연결되어 있고 민주 시민으로 살아가는 바탕이 된다.

둘째, 욕구와 감정을 건강하게 느끼는 힘을 회복하여 자기 자신과 상대방의 행동에 숨어 있는 의미를 파악하고 소통하는 힘을 얻는다.

셋째, 자신만의 독특한 이야기를 건강하게 써갈 수 있도록 도움으로써 자신다움을 찾아가게 하고, 인공지능 시대에 필요한 역량과 리더십을 갖추도록 한다. 이렇게 하여 새 시대가 요구하는 갈등을 조율하는 능력과 통합 능력을 기른다.

넷째, 자신의 패턴에 편한 것만 선호하고 불편한 것을 회피하여 발생하는 편독과 왜곡을 방지함으로써, 자신의 현재 상황에 꼭 필요한 해결책을 적절하게 찾아내는 능력을 갖게 한다.

사람들은 과거로부터 축적해 온 불균형 때문에 느껴야 하는 아쉬움과 고통을, 현재 관계 맺고 있는 사람들과의 상호 작용 속에 무의식적으로 투영한다. 그러한 무의식적인 투영은 책, 드라마, 음악, 미술 작품 등 여러 종류의 텍스트를 통해 그 모습을 드러내게 되는데, 텍스트에 의해 자극받은 느낌을 추적해 들어 가면, 어떤 균형을 회복하기 위한 움직임에서 나온 것인지 알 수 있다.

다음 표는 상징, 지식, 관계 독서가 인간의 세 가지 형태의 사유를 통합하는 것이라는 것을 한 눈에 볼 수 있도록 정리한 것이다.

균형심리 독서	
중세의 상징 독서 (이미지적 사유)	· 구술과 이미지의 시대 · 세상의 모든 것은 신의 뜻을 전달하는 상징 · 신의 대리인에 의한 주관적인 해석이 초래한 해석의 오류로 세상이 혼돈에 빠지게 되었다.
근대의 지식 독서 (문자적 사유)	· 상징 독서를 극복하기 위해 문자 중심으로 해석할 것을 주장 · 개인의 욕구와 감정을 배제 · 지식이 많아지면서 세상에 대한 객관적 이해가 증가 · 인간이 논리와 합린의 감옥에 갇혀 인간 본연의 유연성, 창의성, 상상력을 잃어버렸다.
현대의 관계 독서 (관계적 사유)	· 이미지의 귀환 · 언어와 이미지가 대등한 관계 형성 · 다차원적 의미 회복 · 사실이나 옳고 그름을 가지고 서로 다투기 보다는, 어떻게 다르게 해석하고 있는지 확인하고 조율하여 의미를 확장한다.

균형심리 독서 사례 1 : 동화

상징 독서 : 상징에 대한 감정의 의미를 찾다

독서에 대한 기존의 관념에서 조금만 벗어나 보면, 상징 독서라는 것이 그다지 어렵지 않다는 것을 알 수 있다. 우리는 지금까지 책을 읽는 것이 독서라고 생각했는데, 상징 독서는 세상의 모든 것이 읽어야 할 대상이 된다. 그것이 책이든, 그림이든 또는 세상의 어떤 것이든 상관없이, 그것을 접한 후에 머릿속에 연상되는 글자나 이미지 또는 느낌을 찾아내면 된다. 그렇게 찾아낸 것은 눈으로 볼 수 없는 추상적이고 정신적인 내면의 이슈를 눈에 보이는 이슈로 드러내어 다룰 수 있게 해 준다.

상징 독서는 등장인물, 장면, 단어, 문장, 이야기의 소재, 참석자 등 모든 것을 활용하여 진행할 수 있다. 여기에서는 '백설 공주'라는 책을 읽고, 백설 공주 이야기에 등장하는 인물들을 활용하여 진행하려고 한다.

다음의 네모 박스 안에는 백설 공주의 등장 인물들이 나열되어 있다. 균형심리 독서 모임에 참여한 사람은 백설 공주 이야기를 읽고 관심이 가는 인물을 고른다.

사슴   왕   왕자   마녀

죽은 엄마   백설공주   거울   사냥꾼   난장이

전문가 : 수아 씨, 지금 백설 공주 이야기에 나오는 등장 인물들을
　　　　보고 계시는데요. 이들 중 가장 관심이 가는 사람을 선택해
　　　　보실래요?
수　아 : 음, 저는 왕이 눈에 들어 와요.

사람이 배고픔을 느낄 때 먹을 것에 제일 먼저 관심이 간다. 마찬가지로 정서적, 정신적 필요를 느끼는 사람들은, 책을 읽을 때 무의식적으로 자신의 정서적, 정신적 필요를 채워주는 것에 관심을 갖게 되고, 그러한 관심은 몸의 느낌을 통해서 표현되기 마련이다. 그러므로 선택한 것에 대한 몸의 느낌을 '좋은 느낌, 안 좋은 느낌 그리고 두 느낌이 모두 있는 상태' 등 세 가지로 분류하여, 비율을 나누어 쓰고 느껴지는 감정의 종류와 이유를 써 본다.

백설 공주를 읽고 눈에 띄거나 관심이 가는 인물이 각자 다 다를 수 있는데, 수아 씨(가명)는 왕이 눈에 띄었고 또 왕에 대해서 몸이 어떻게 반응하는지 느껴보니 기대와 원망과 화가 있었다. 여러 사람들이

다 같이 왕을 선택하더라도 왕에 대한 느낌이 다를 것이며, 수아 씨는 자기의 이야기와 연결된 방식으로 느낀다.

전문가 : 그렇군요, 왕에 대한 느낌을 얘기해 봅시다. 왕을 보면 좋은 느낌이 들어요? 안 좋은 느낌이 들어요? 아니면 두 가지 느낌이 다 들어요? 좋은 느낌과 안 좋은 느낌을 합쳐서 100이라고 했을 때 비율로 나눠서 얘기해 보실래요?

수 아 : 좋은 느낌이 20 정도고, 안 좋은 느낌이 80 정도에요.

전문가 : 네, 알겠어요. 그러면 좋은 느낌과 안 좋은 느낌은 무엇에 대한 거에요?

수 아 : 좋은 느낌은 왕에 대해 약간의 기대가 있어요. 그래도 아빠니까 백설 공주를 지키기 위해 가만히 있지는 않을 거라는 믿음이 있어요. 80정도 안 좋은 느낌은 왕이 너무 무책임하고 무관심하다고 생각돼요. 왕이 마녀의 미모에 속아서 결혼한 것도 부족해서 자기 딸이 마녀에게 쫓겨나 어떤 고통을 당하는지조차 몰랐다는 것은 아빠로서 너무 무책임하고 자격이 없어요. 원망스럽고 화가 나요.

관계 독서 : 동화 속 이야기와 나의 이야기가 만나다

과거에 해결하지 못하고 남겨둔 무의식에 숨어 있는 핵심 이슈는 몸의 느낌을 통해서 드러난다. 느낌은 무의식의 언어다. 우리가 종종 꿈을 통해 무의식에 저장된 이슈들을 접하는 것도 느낌을 통해서 일어나는 현상이다. 수아 씨는 백설 공주 이야기와 자신의 이야기가 서로 만나는 부분을 찾아냈다. 관계 독서가 진행되는 지점이다.

전문가 : 수아 씨, 혹시 수아 씨의 주변에 왕과 비슷한 사람이 있어요?

수 아 : (조금 생각하더니) 네, 있어요.

전문가 : 누구인지 말해 줄 수 있어요?

수 아 : 아빠요.

전문가 : 그렇군요. 아빠의 어떤 부분이 왕과 비슷해요?

수 아 : 아빠는 대기업에 다니고 있는데 가족들을 돌보지 않고 자기 마음대로 살아가고 있어요. 가족들이 경제적으로 어려워도 도와주지 않아서 엄마가 일을 해야 했어요.

전문가 : 그런 일이 있었네요. 그러면 혹시 아빠에게 수아 씨의 마음을 표현해 본 적은 있어요?

수 아 : 아니요, 아빠는 듣기 싫은 소리를 하면 화를 내고 집에 들어오지 않아요.

전문가 : 그렇다면 말을 할 수가 없었겠네요. 이런 상황이 얼마나 오랫동안 계속된 거에요?

수 아 : 10년 좀 넘었어요.

전문가 : 그러면 그동안 수아 씨 마음이 많이 힘들었을 텐데 수아 씨는 어떻게 견뎌왔어요?

수　아 : 그냥 내가 일을 해서 도와야 하겠다 싶어서 열심히 일했죠. 제가 첫째니까 제가 도와야 엄마나 동생들도 좀 덜 힘들게 살잖아요.

전문가 : (사전에 수아 씨에 대해서 어느 정도 알고 있는 상태에서) 그렇군요. 이제 수아 씨가 좀 더 이해가 돼요. 가족들을 위해 일하느라 결혼도 늦게 하신 거네요. 오늘 백설 공주 이야기를 통해서 아빠에 대해서 보고 있는데요. 이 독서 작업을 통해 무엇이든 할 수 있다고 가정한다면, 무엇이 이루어졌으면 좋겠어요?

수　아 : 음, 저는 아빠가 왜 그러는지 이해하고 싶고, 가족들이 화목하게 잘 지냈으면 좋겠어요. 그런데 그게 과연 가능할까 싶어요.

전문가 : 가족이 화목하게 살았으면 하는 마음이 있으시네요. 알겠어요. 그것을 다루어 봅시다. 가족들이 화목하게 살기 위해서 가장 필요한 것이 무엇인 거 같아요?

수　아 : 아빠의 마음이 좀 풀어졌으면 좋겠어요. 엄마도 노력을 해왔는데 아빠가 안 풀어요.

전문가 : 네, 알겠어요. 아빠가 마음을 안 푸는 이유가 있을 거 같은데 혹시 수아 씨는 아빠에게 그 부분에 대해서 무엇인가 들은 적이 있어요?

수　아 : 아니요. 물어볼 생각을 못했어요.

　관계 독서를 통해 수아 씨의 가장 큰 고민이 무엇인지 알게 되었고, 탐색 작업을 통해 수아 씨가 문제를 해결할 수 없었던 이유를 찾아낼 수 있었다. 수아 씨는 엄마와 아빠 사이에 실제로 어떤 일이 있었고 언제부터 관계가 소원해졌는지 알지 못했다. 수아 씨가 어릴 때는 엄마가 일방적으로 고통당하는 것처럼 보여서 엄마 편을 들고 살았기 때문에 아빠의 이야기를 들어 볼 생각을 못했던 것이다.

전문가 : 그러면 아빠와 엄마 사이에 무슨 일이 있어서 그렇게 관계가 소원해진 것인지 잘 모르시겠네요. 혹시 지금이라도 어떤 일이 있었는지 물어볼 수 있을까요?

수　아 : 네, 엄마의 입장은 들어서 아는데 아빠의 입장이 어땠는지는 몰라요. 그러고 싶어요. 그런데 과연 아빠가 얘기해 주실까요?

전문가 : 글쎄요, 시도해 봐야 알 수 있을 거 같아요. 우선 아빠에게 수아 씨의 마음을 표현해 보고 반응을 기다려 보면 어떨까요? 수아 씨는 아빠를 떠올리면 마음이 좋아요, 안 좋아요, 아니면 두 가지 마음이 다 있어요?

수　아 : 아까 왕에게 느낀 감정과 같아요.

전문가 : 그렇다면 아빠에 대한 편한 감정과 불편한 감정을 얘기해 볼까요? (감정을 여러 개 얘기해 주어 선택할 수 있도록 도와준다.)

수　아 : 편한 것은 미안함과 안쓰러움이고, 안 편한 것은 속상함, 안타까움, 섭섭함, 원망이에요.

전문가 : 그러면 이제 그 감정들을 느끼는 구체적인 이유를 하나씩 써볼까요?

수　아 : (감정을 느끼는 이유들을 하나씩 정리해서 쓴다.) 네, 알겠
　　　 어요.

전문가 : 수아 씨가 이제 아빠에 대해서 어떤 마음을 왜 느끼는지 그
　　　 리고 무엇을 원하는지 알았으니까 그것을 그대로 정리해
　　　 서 아빠에게 보내 볼 수 있을까요?

수　아 : 제가 이런 거 보냈다가 아빠가 싫어하면 어떡하죠?

전문가 : 걱정되시는 거네요. 그런 마음도 같이 표현하세요.

수　아 : (자신의 마음을 글로 작성한 후 문자로 아빠에게 보낸다.)
　　　 보냈어요. 마음이 떨려요.

전문가 : 당연히 떨리고 걱정되죠. 아빠도 아마 놀래고 어색하고 부
　　　 담을 느끼실 거예요. 하루 이틀 기다렸다가 반응이 안 오면
　　　 그 때 다시 아빠의 침묵이 무엇을 의미하는지 읽고 아빠에
　　　 게 물어보도록 하죠.

수　아 : 네, 알겠어요. 처음 이런 것을 시도하니까 기분이 이상해
　　　 요. 그런데 한편으로는 속이 후련해요. 내가 정말 아빠와
　　　 관계를 회복하기를 바라고 있었다는 것을 오늘 깨달았어
　　　 요.

　수아 씨는 균형심리 독서를 통해 먼저 자신에 대해서 이해할 수 있
었다. 그리고 정리된 자신의 마음을 아빠에게 표현함으로써 아빠와 소
통할 수 있었고 쌓인 감정이 풀어지는 경험을 하게 되었다.

지식 독서 : 상징, 관계 독서를 지나 동화 속으로

수아 씨가 상징과 관계 독서를 통해 자신의 이야기를 만나 이슈를 해결하고 나자, 백설 공주 이야기 속에 등장하는 왕에 대한 불편한 마음이 해소되었다. 이제 그녀는 왕의 행동에 대해서 감정적으로 반응하는 것이 아니라, 오히려 왕에게 어떤 사정이 있었기에 자신의 딸이 고통을 받도록 그대로 내버려 둘 수밖에 없었을까, 왜 왕은 딸에게 그토록 무기력하고 무관심한 아버지가 될 수밖에 없었을까 하는 궁금증이 생겼다. 왕에 대해 알고 싶고 이해하고 싶은 마음이 생겨난 것이다.

전문가 : 수아 씨, 백설 공주 이야기를 가지고 상징 독서와 관계 독
　　　　서를 했는데, 이제 백설 공주 이야기에 대해서 궁금한 것이
　　　　나 질문이 있으세요?

수　아 : 네, 있어요. 제 이야기를 만나고 나니까 왕이 왜 백설 공주
　　　　를 돌볼 수 없었을까 궁금해져요. 그래서 인터넷에서 찾아
　　　　봤는데 유럽의 왕들은 자주 전쟁에 나가야 했대요. 가족들
　　　　을 데리고 갈 수 없는 건 당연했고요. 아마도 왕은 새 왕비
　　　　가 백설 공주를 잘 보살펴 주기를 기대하고 결혼했던 것 같
　　　　아요.

전문가 : 아, 그런 정보를 얻으셨네요. 재미있는데요. 그리고 또 어
　　　　떤 부분에 대해서 지식 독서를 진행하고 싶으세요?

수　아 : 이전에는 동화책을 읽으면 그냥 먼 나라 이야기처럼 느껴
　　　　졌는데, 제 이야기와 만나고 나니까 백설 공주와 왕의 마음

도 느껴지고 생생하게 와닿아요. 백설 공주를 쓴 작가는 왜 이런 이야기를 썼을까 궁금해요. 그리고 또 한 가지 깨닫게 된 것은, 제 주위에도 저처럼 가족들 사이에 관계가 안 좋아 힘들어하는 사람들이 많은데 도와주고 싶다는 마음이 생겼어요.

전문가 : 그렇군요, 균형심리 독서를 제대로 하시고 계시네요. 수아 씨가 배우신 대로 도와주시면 다른 사람들도 독서에 대해서 새롭게 발견하고 삶의 문제를 해결해 나갈 거 같아요.

우리가 그동안 진행해 온 지식 독서는 종종 왜 지식을 배워야 하는지에 대한 필요성을 느끼지 못하는 상태에서 억지로 습득해야 하는 경우가 많았다. 그렇게 배운 지식은 일시적으로 반짝 활용하고 나서는 시간이 지난 후에는 잊어버리곤 한다. 그런데 상징 독서와 관계 독서를 통해 자신의 정서적, 정신적, 관계적 필요를 찾아 해결하고 나면 이야기와 연결되고, 지식에 대한 개인적인 호기심이 생겨 생생하고 살아있는 지식 독서를 하게 된다.

수아 씨는 관계 독서를 경험하기 전에는, 절대 권력을 누렸을 왕이 어떻게 저렇게까지 무기력하게 자기의 딸을 고통 가운데 내버려 두었을까 싶어서 왕을 미워하고 화가 났지만, 이제는 백설 공주 이야기에 등장하는 왕에 대한 것만이 아니라 백설 공주에 대한 객관적인 내용 즉 이야기가 나오게 된 역사적 배경이나 저자의 의도, 독자들의 반응에 대해서 더 깊이 관심을 갖고 찾아보게 되었다.

백설 공주 이야기의 교훈과 역사적 배경을 주입식으로 머릿속에 집어넣으려고 하지 않고, 백설 공주 이야기와 독자 자신의 이야기가 만나는 지점을 찾고, 거기에서 찾아낸 고민을 해결해 나가도록 하는 것은, 지식 독서로 하여금 살아있는 공부의 과정이 되게 한다. 그동안의 지식 독서는 왜 지식을 습득해야 하는지 본질적인 이유를 알지 못한 채 억지로 해야 하는 경우가 많았다. 그것은 마치 사람이 배가 고프지 않은데 배고플 때를 위해서 억지로 음식을 먹는 것과 같아서 부작용이 크기도 하였던 것이다.

학교에서 이루어지는 독서의 90% 이상이 지식 독서에 해당하는데, 지식 독서는 객관적인 지식과 정보를 획득하기 위해 인간의 욕구와 감정을 배제하다 보니 메마른 작업이 되기 쉽다. 그것은 지식 독서가 추구하는 목표가 합리적이고 이성적인 것이기 때문에 나타나는 현상이다.

균형심리 독서 사례 2 : 수학

다음은 수학으로 균형심리 독서를 진행하고 있는 수학 강사 프리클 님의 균형심리 독서 사례이다.

고등학교 1학년 수빈이(가명)는 수학을 잘하는 학생이다. 그런데 유독 계산 문제에 대해서는 징크스가 있었다. 수업을 시작하고 나서 두 달 동안 거듭 설명을 해 주고 계산 연습도 반복적으로 시켜 보았다. 그런데 수빈이는 설명을 들을 당시에는 알았다고 하고는 계산 문제를 숙제로 내주거나, 수업 때 풀어 보라고 하면 또 동류항을 잘못 보거나 잘못 더해서 계속해서 틀리는 것이었다.[21]

수빈이는 어려운 문제에 대한 이해력이 뛰어나고 문제를 잘 푸는 편인데 쉬운 계산 문제들을 계속해서 틀리는 것이 매우 이상했다. 이 것은 문제 풀이 연습을 많이 시킨다고 될 일이 아니라고 생각되어서,

---

21 동류항이라는 개념은 중학교 1학년 1학기 때 배우는데, 문자와 차수가 같은 항을 말한다. 예를 들면, 3a와 -5a, $4x^2y$와 $2x^2y$은 동류항이다.

균형심리 독서를 통해 수빈이를 도와주게 되었다.

전문가 : 수빈아, 선생님이 너를 지켜보니까 어려운 문제는 잘 푸는
　　　　것 같은데, 오히려 쉬운 계산 문제를 계속 틀리네. 혹시 이
　　　　부분을 잘 모르는 거니? 아니면 다른 이유가 있니?

수　빈 : 그거 배울 때 제가 공부를 안했던 것 같아요. 그렇지만 모
　　　　르는 건 아니에요. 저도 제가 왜 그러는지 잘 모르겠어요.

전문가 : 혹시 그때 무슨 일 있었어? 공부 안 했던 이유가 있었을 거
　　　　같은데?

수　빈 : ......

평소에도 워낙 말이 없고 물어 보면 그냥 미소만 짓거나 고개를 끄
덕이는 아이여서 수업 후에 수빈이 엄마에게 물어 보았다.

전문가 : 수빈이가 중학교 1학년 때 배운 기초적인 동류항 관련 문
　　　　제에서 계속 틀려요. 혹시 그때 무슨 일이 있었나요?

엄　마 : (많이 놀라며) 아! 그 때요? 그 때는 수빈이가 많이 힘든 때
　　　　였어요. 우리 집에서는 그 이야기 안 한지 꽤 돼요. 수빈이
　　　　는 수영 선수를 꿈꾸며 공부와 운동을 열심히 했었어요. 그
　　　　런데 중학교 입학 전에 몸이 아파서 정말 많이 고민하다 운
　　　　동을 그만두었어요. 그 이후 수빈이가 너무 속상하고 힘
　　　　들어해서 가족들 모두가 그 이야기는 가능한 하지 않아요.

상징 독서 : 연산 문제가 의미하는 상징을 찾다

엄마의 이야기를 듣고 난 후, 나는 수빈이의 마음을 읽어 주며 수빈이가 먼저 이야기를 해 줄 때까지 기다렸다. 수빈이는 중간고사에서 또 다시 계산 문제 2개를 틀렸고 그것을 계기로 이야기를 하게 되었다.

전문가 : 수빈아, 무슨 일이 있었던 거야?

수   빈 : 그 때 몸이 아파서 수영을 그만두어야 했는데 저는 그게 너무 속상하고 슬펐어요. 모든 게 다 싫고 미웠어요.

전문가 : 그런 일이 있었구나. 얼마나 많이 속상하고 힘들었을까. 진짜 아무 것도 안 하고 싶었겠다. 그런 상황에서 어떻게 공부를 할 수 있었겠어.

수   빈 : 네, 지금도 그 때를 떠올리고 싶지 않아요. 내가 정말 좋아했던 운동을 몸이 아파서 못하게 됐거든요. 그냥 다 싫었어요. 그렇지만 지금은 다 지난 일이니까 열심히 할 거예요.

전문가 : 그래, 열심히 하려는 너의 마음은 누구보다도 선생님이 잘 알아. 수빈아, 선생님은 네가 수학을 잘하고 싶어하고 실제로 열심히 하는 거 알아. 어려운 문제를 틀린다면 어려워서 그런가보다 했을 거야. 그런데 쉬운 문제를, 그것도 동류항 관련된 문제만 계속 틀리는 걸 보니, 수영을 그만둘 때 느꼈던 감정들이 지금도 너를 방해하는 것 같아. 사실은 선생님도 그런 경험이 있어. 중학교 1학년 2학기 때 전학을 갔는데 그곳에서 괴롭힘을 당한 기억이 있어. 그래서 그때 배

웠던 수학 개념이 수능 때까지 공부해도 기억이 안 나고 계속 틀려서 고생했었거든. 선생님 말 들으니까 어떠니?

수　빈 : 글쎄요, 그럴 수도 있어요?

전문가 : 응, 사람은 어떤 고통스러운 일을 겪으면 그 일이 일어났을 때의 환경, 물건, 사람, 날씨, 시간, 장소 등에 대해서 거부감을 갖는 경우가 있어. 이미 지나간 일인데도, 우리 몸 안에 쌓여 있는 감정은 그대로여서 무의식적으로 거부감이 생기는 거야. 선생님이 널 쭉 지켜보니까 동류항 문제가 어렵지 않은데도 계속 틀리는 건 동류항 문제를 풀 때 너도 모르게 무의식 속에 있는 고통스러운 감정들이 건드려져서 계산을 못하게 방해하는 거야. 선생님 말이 이해되니?

수　빈 : 선생님 말씀을 듣고 보니 그럴 수도 있겠다 싶어요. 한 번도 그렇게 생각해 본 적은 없어요.

전문가 : 당연하지. 네가 이런 것을 알았다면 벌써 문제가 해결되었겠지. 그렇지만 지금이라도 그럴 수 있겠구나 하고 인정하면 문제를 해결하는 것은 어렵지 않아. 같이 한번 해 볼래?

수　빈 : 정말요? 그럼 한번 해 볼게요. 어떻게 하면 돼요?

전문가 : 자, 눈을 감아봐. 수영을 포기하고 좌절하고 아파했던 중학교 1학년 수빈이가 있을 텐데, 그 아이를 떠올려 봐.

수　빈 : 네, 보여요.

전문가 : 그래, 이제 그 수빈이에게 어떤 일이 일어났는지 그리고 그 아이 마음이 어떤지 말해 줄래?

수빈이에게 중학교 1학년 초반과 관련된 모든 것은 수영을 그만두

었을 때 느껴야했던 좌절감과 슬픔을 연상시키는 것이었기 때문에, 동류항은 수빈이에게 좌절감과 슬픔을 상징하는 것이었다. 그런데 이러한 아이에 대한 깊은 이해 없이 단순한 계산 실수로 보고 수빈이를 다그쳤다면 상처에 상처가 더해졌을 것이다. 수빈이에게는 동류항 계산이 중학교 1학년 때의 좌절과 슬픔의 상징이었기에, 그 시간과 관련된 모든 것이 함께 기억나지 않는 것이었다.

관계 독서 : 연산 문제와 나의 이야기가 만나다

수빈이는 처음에는 남의 이야기를 전하듯 무표정하게 말을 하다가, 그 때의 힘들었던 감정들이 접촉이 되자 눈물을 흘리기 시작했다.

전문가 : 수빈아, 정말 많이 속상하고 힘들었지? 꿈을 포기해야 했으니 얼마나 힘들었겠니. 그 마음을 이 세상에 누가 다 이해하겠어. 가족들도, 친구들도 네 마음을 몰랐을 텐데, 혼자서 그런 감정들을 참느라고 얼마나 힘들었을까 싶구나.

수　빈 : (이야기를 들으며 계속 운다.)

전문가 : 수빈아, 중학교 1학년 수빈이를 보니까 불쌍하지?

수　빈 : 네, 많이 불쌍하고 안쓰러워요.

전문가 : 그래, 그 중학교 1학년 수빈이에게 너의 마음을 그대로 얘

기해 줘 봐.

수　빈 : (수빈이에게 말해 준다.) 수빈아 너가 정말 안쓰러워.

전문가 : 수빈이가 뭐라고 말해?

수　빈 : 자기를 알아줘서 고맙대요.

전문가 : 에휴, 그렇게 말하는구나. 이렇게 수빈이에게 너의 마음을
　　　　표현하고 반응을 들으니 어때? 괜찮아?

수　빈 : 네, 좋아요.

　나는 균형심리 독서를 활용하여 수빈이의 감정이 풀릴 수 있도록 했다. 그리고 수빈이 허락을 받고 수빈이 엄마에게도 상황을 알려 주어 수빈이를 위로해 주고 같이 아파했다. 그렇게 수빈이, 수빈이 엄마 그리고 나는 관계 독서를 통해 수빈이의 마음을 읽어 주고 쌓여 있던 좌절감과 슬픔을 풀 수 있었다.

지식 독서 : 즐거운 수학 문제 속으로

　그 후, 수빈이는 다른 과목에서도 중학교 1학년 때 배운 것을 틀릴 때가 많았다는 것을 알게 되었다. 수빈이는 동류항에 대해 한 번 더 복습했고, 기말 고사에서는 동류항 계산 문제를 더 이상 틀리지 않았다. 사람들의 이야기에 반응하지 않던 수빈이가 수다스러워지고 감정 표현이 풍부해진 것은 보너스로 얻은 행복이다.

균형심리 독서 사례 3 : 사람 읽기

초등학교 3학년인 송이는 만화책만 보려고 해서 부모님과 갈등을 겪고 있다. 음식을 골고루 먹어야 하듯이 책도 골고루 읽어야 한다고 충분히 설명해도 송이는 고칠 생각이 없다. 부모님이 보고 있을 때는 다른 책을 보는 것처럼 하다가도 틈만 나면 만화책을 보니, 송이가 만화책만 보려는 것을 어떻게 고쳐야 할 지 부모님의 고민이 크다.

송이가 책을 다양하게 잘 읽도록 하려면 어떻게 해야 할까? 만약 송이의 '만화책만 보는 행동'을 나쁜 습관으로 단정짓는다면, 아이에게 야단을 치거나 벌을 주어야 할 것이다. 그러나 그러한 교육이 아이의 근본적인 문제를 해결하지 못한다는 것을 우리 모두는 알고 있다. 이제 송이의 행동을 옳고 그름이 아닌 다른 시각으로 볼 수 있어야, 아이의 마음의 문제와 현상적인 문제를 동시에 해결할 수 있을 것이다.

먼저 송이가 만화책만 보는 행동의 원인이 무엇일까 생각해 볼 필요가 있다. 왜냐하면 송이는 어릴 때부터 만화책만 보는 아이는 아니었기 때문이다. 그러므로 이것이 혹 아이가 어떤 정서적 또는 정신적 균형을 회복하기 위한 움직임은 아닌지 알아볼 필요가 있는 것이다. 어렸을 때 송이는 부모가 책을 읽어 주면 재미있게 들었으며, 한글을 모르는데도 책의 그림만 보고도 책의 내용에 대해 줄줄 이야기를 하고는 했다. 송이의 책에 대한 적극적인 반응과 빠르게 지식을 흡수하는 모습에 감탄한 부모님은, 송이만 따라준다면 독서 영재가 될 수 있도록 해 주고 싶었다. 그러나 그러한 부모님의 송이에 대한 마음이 나중에 문제가 될 것이라고는 결코 생각하지 못했다.

송이를 독서 영재로 만들고 싶은 부모님은 아이의 지적 능력이 빠르게 확장할 수 있도록 책의 난이도를 조금씩 높여 갔다. 송이가 다섯 살이 되자 부모님은 초등학생이 읽는 책들을 송이에게 읽어 주며 어려운 내용을 이해할 수 있도록 설명해 주고 어휘를 가르쳐 주었다. 송이도 부모님이 좋아하는 모습을 보며 더 열심히 책을 읽으려고 했다. 하지만 어린 나이에 어려운 내용을 소화하는 것은 쉬운 일이 아니었다. 게다가 송이가 읽은 내용을 기억하지 못하거나 제대로 설명하지 못했을 때 속상해하는 부모님의 모습은, 송이를 긴장하고 불안하게 만들었다. 그럴수록 송이는 부모님을 실망시키지 않기 위해 버겁고 힘들어도 더욱 열심히 책을 읽고 그 내용을 습득하려고 노력하였다.

송이는 초등학교에 입학했을 때 독서 영재라는 얘기를 듣게 되었지만, 그럴수록 부모님과 주위 사람들의 커지는 기대에 부응해야 한다는 압박감에 무척 힘들어했다. 2학년이 되자 송이의 심적 고통이 너무 커져서 사람들의 인정과 부러운 시선이 주는 즐거움도 소용이 없었고, 점점 책을 읽는 것이 버겁고 힘들어질 뿐이었다. 부모님은 송이가 책을 멀리하자 "지금까지 잘 해 왔는데 왜 그렇게 행동하느냐?"고 야단을 쳤으며, 송이도 책을 읽으려고 해도 안 되는 자기 자신에 대해서 실망하고 좌절하였다.

상징 독서 : 만화책이 상징하는 것을 찾다

우선 만화책이라는 상징이 송이에게 어떤 의미이며 왜 선택하게 되었는지 알아보아야 한다. 부모님은 만화책만 보는 아이의 행동에 대해 근본적인 원인을 찾기 보다는 불순종과 실패의 증거로 보았기 때문에, 아이를 달래거나 야단을 쳐서 어떻게든 송이가 책을 읽도록 할 수밖에 없었을지도 모른다. 그러나 그렇게 해도 별다른 효과가 없는 이유는 송이가 그렇게 행동하는 원인이 다른데 있었기 때문이다.

먼저 송이가 만화책에 대해서 몸에서 어떤 반응이 나타나는지를 살펴본 후, 좋은 느낌과 안 좋은 느낌을 구분하여 정리하면 만화책이 주는 상징의 의미를 찾을 수 있다. 그 결과 송이에게 만화책이 주는 좋은 느낌은 부담이 없는 것이었고, 안 좋은 느낌은 독서를 제대로 못하고 있는 것에 대한 불안이었다. 책은 꼭 읽어야 하고 그렇다고 글자 많고 어려운 책을 읽을 수 없는 상태에서 송이가 찾아낸 방법은 만화책을 읽는 것이었다. 만화책은 책을 안 읽을 때 느끼는 불안, 글자 많고 어려운 책을 읽을 때 느끼는 압박감 없이 편하게 읽을 수 있었기 때문이다.

만화책이 부담이 없다는 것과 독서를 못하는 것에 대한 불안은 각각 진짜 이유로 안내하는 길잡이에 해당한다. 송이의 말에서 우리는 두 가지 사실을 발견할 수 있다. 하나는 송이가 만화책이 아닌 다른 책을 읽을 때 큰 부담을 느끼며 고통스러워하는 어떤 것이 있다는 사실이고, 다른 하나는 독서를 안 하면 안 좋은 일이 생길 것이라고 믿고 불안해한다는 사실이다. 송이의 부담감은 어려운 책을 읽는 것과 사람들의 기대에 대한 버거움과 두려움이었다. 송이는 그러한 감정들이 자신을 짓누르고 있어서 숨을 쉬기가 어렵다고 했다. 또한 불안감은 어려운 책을 읽어야만 인정을 받을 수 있고 부모님이 원하는 사람이 될 수 있는데 그렇게 못하고 있어서 실패하고 있다고 생각하는 것이었다.

관계 독서 : 만화책과 나의 이야기가 만나다

상징 독서를 통해 찾아낸 송이의 부담감과 불안감이 의미하는 바를 이야기해 주자, 부모님은 그제야 송이의 입장과 마음을 이해할 수 있었다. 그리고 송이에게 필요한 것은, 책이나 지식 또는 더 잘하라는 격려나 비난이 아니라 송이의 신체적, 정서적, 정신적 발달에 필요한 것을 찾아 채워주는 것임을 깨닫게 되었다. 송이의 부모님은 사랑하는 딸에게 가장 좋은 것을 해 주고 있다고 확신했는데, 그것들이 송이를 고통스럽게 만들었다는 사실에 큰 충격을 받았다.

마음 아프지만 자신들에게 실수가 있었음을 받아들이게 된 후에야, 부모는 송이가 그동안 얼마나 인내하며 자신들의 요구에 맞춰 주려고 했는지, 그리고 그렇게 하는 것이 얼마나 고통스럽고 힘든 시간이었는지에 대해 이해하게 되었다. 부모님과 송이는 그동안 서로의 욕구와 감정을 표현하고 이해받는 대화를 한 적이 없었다. 이제 관계 독서를 통해 상대방의 경험에 담겨 있는 욕구와 감정을 나누고 교감하고 풀어가는 대화를 하게 되었고, 그제야 있는 그대로 서로를 수용하고 소통할 수 있게 되었다.

지식 독서 : 다양하고 살아 있는 지식 속으로

송이는 또래 아이들보다 훨씬 높은 수준의 지식을 습득하였기 때문에 지식의 양으로 보았을 때는 다른 아이들보다 뛰어나다고 할 수 있다. 그러나 상징 독서와 관계 독서를 하지 못하는 상태에서 머릿속에 쌓아가는 지식은, 송이의 고통을 덜어주는데 도움이 되지 못했다. 송이가 상징 독서와 관계 독서를 통해 자신의 욕구와 감정을 알아차리고 부모와 소통할 수 있게 되자, 많은 책을 읽고 기계적으로 어휘력을 늘려가던 독서 패턴에 변화가 생겼다. 송이는 상대방의 표정이나 말투를 통해 상대방이 어떤 필요를 가지고 있는지 파악하고 상황에 맞는 지식을 꺼내어 대화를 할 수 있는 힘이 생겼다. 또한 감정의 중요성을 인식하게 되자 인간의 마음을 더 깊이 이해하고 싶은 욕구가 생겨 마음과 관련한 책들을 자연스럽게 탐독하게 되었다. 그 때부터 송이에게 독서는 끝없이 의미를 확장하며 삶을 더 깊이 경험하게 해 주는 호기심과 새로움이 가득한 기쁨이 되었다.

균형심리 독서의 관점과 회복

송이가 만화책만 고집하지 않고 다양한 다른 책들도 자유롭게 읽도록 하기 위해서는 상징 독서, 지식 독서, 관계 독서의 세 가지 측면을 다음과 같이 적절하게 종합하는 것이 필요하다.

첫째, 송이의 정서적, 정신적, 사회적 결핍이 그동안 어떤 방식으로 얼마만큼 깨졌는지 파악한다. 송이의 행동을 비정상적인 행동으로 보지 않고, 아이의 선택이 깨진 균형을 견디기 위한 최선의 방법이었음을 인정해 주어야 한다.

둘째, 송이가 깨진 균형을 견디기 위해 사용한 방법이 어떤 고통을 견디기 위한 것이었는지 파악하고 소통하며 회복시켜 준다.

셋째, 욕구와 감정의 건강한 회복을 통해 송이와 부모가 서로 건강하게 해석하고 소통하도록 한다. 이러한 과정을 통해 송이의 균형 회복 작업을 진행하면, 송이는 자신을 억압하는 틀에서 벗어나 적절하게 자신을 표현하고 소통하면서 지식을 추구하는 힘을 회복하게 된다.

송이와 부모님과의 관계는 책을 매개로 조건적인 관계가 형성되어 있었다. 원래 송이는 책과 상관없이 조건 없는 관심과 보살핌을 부모님으로부터 받아야 한다. 책을 잘 읽어야 받을 수 있는 관심과 보살핌은 건강한 애착에 대한 갈증을 풀어 줄 수 없기 때문에 아이는 허전함과 답답함을 느끼게 된다. 아이가 원하는 애정과 사랑에 대한 필요를 부모가 채워 줄 수 없을 때 아이는 그 허전함과 답답함으로 인한 고통을 견디게 해 줄 다른 대체물을 찾게 된다.

송이는 자신이 왜 고통을 느껴야 하는지 알지 못했다. 지식을 습득하기 위해 노력했지만 자신의 마음이 어떤 상태인지 느끼고 인식하는 훈련은 해 본 적이 없었다. 균형심리 독서를 통하여 송이는 만화책만 읽게 된 원인과 해결책을 찾아 자유롭게 독서를 하는 힘을 회복할 수 있었다.

균형심리 독서는 상징 독서를 통해 독자가 어떤 특정한 대상에 대해 가지게 된 상징적이고 무의식적인 의미를 정확하게 파악하고, 어떤 경험을 통해 그렇게 해석하게 되었는지를 찾아낸다. 또한 관계 독서를 통해 인간과 인간, 인간과 사물, 사물과 사물 사이의 상호 작용이 어떻게 일어나고 있는지를 읽어 내어 회복과 통합의 장을 제공함으로써, 인간다움을 회복하고 의미를 확장한다. 마지막으로 균형심리 독서를 통하여, 상징 독서와 관계 독서를 너머 살아 있고 깊이 있는 지식으로의 여행을 자유롭게 떠날 수 있게 된다.

4

균형심리 독서를 잘하는 방법

12장

독서의 열쇠, 무의식을 읽어야 한다

"무의식은 가장 중요한 의식 수준이며 행동의 근원과 인생의 비밀이 들어 있다."

- 프로이트

독서의 열쇠, 무의식

　인간의 삶은 의식과 무의식의 두 영역으로 구성되어 있는데, 최근까지는 의식 영역에서 생산되는 지식을 읽고 다루는데 집중했다. 무의식은 오직 소수의 심리학자들만이 제한적으로 다루었고, 일반 사람들은 다가갈 엄두를 내지 못하는 영역이었다. 인공지능의 발달은 인간이 평생 걸려도 할 수 없었던 정보 수집과 분석 작업을 단시간에 가능하게 한다. 인공지능이 인간의 일자리를 빼앗을 것이 예상되지만, 자아실현의 측면에서 보면 인간은 노동으로부터 자유로워지며 자신의 내면을 탐색할 수 있는 새로운 기회를 얻게 되었다.

　인공지능이 무의식의 탐색에 도움이 되는 이유는, 사람이 할 수 없는 막대한 양의 데이터를 쉽게 수집하고 분석하여 숨어 있는 의미와 패턴을 찾아낼 수 있기 때문이다. 데이터는 정형 데이터와 비정형 데이터로 나누어지며 그 비율이 20:80 정도라고 한다. 과거에 독서의 대상으로 여기지 않았던 비정형 데이터가 바로 프로이트가 말하는 무의식의 세계에서 나오는 데이터인데, 인간은 자신의 20%만 외부에 드러내고 나머지 80%를 무의식 안에 미지의 상태로 남겨 두고 살아간다는 것이다. 그러므로 자신에 대한 가장 중요한 진실들을 저장해 두고 있는 무의식을 빼놓고 독서를 하는 것은, 열매의 알맹이를 빼고 껍질만 먹는 것과도 같다고 할 수 있다.

구글, 아마존, 페이스북, 애플처럼 21세기 인공지능 시대를 선도하는 기업들은 비정형 데이터를 매우 중요하게 여긴다. 비정형 데이터는 개인의 선호 정보를 담고 있어서 상품 생산과 마케팅에 직접적인 영향을 주는 중요한 정보를 제공하기 때문이다. 기업들은 무의식에서 나오는 비정형 데이터를 수집하기 위해, 사람들에게 많은 서비스를 무료로 제공하며 사람들은 그 대가로 개인의 정보를 제공한다. 기업의 성공 여부는 비정형 데이터를 얼마나 많이 보유하고 활용하느냐에 달려 있다. 기업만이 아니라 개인이 성공하기 위해서도 인간의 무의식에 들어 있는 핵심 정보를 읽어 내는 능력이 반드시 필요하다.

심리학은 그동안 여러 학문 영역에 접목되어 왔으며, 이제는 독서 영역에서도 인간의 무의식을 읽는데 필요한 도구와 기법을 제공하게 되었다. 프로이트는 인간의 행동을 이해하려면 인지 가능한 이성적 동기와 무의식적 욕망을 파악해야 한다고 하였다. 그는 빙산을 사용하여 이 개념을 설명하였다. 이성과 의식이 가능한 자기 자신은 표면 위에 드러난 빙산처럼 인간 정신의 일부분이며, 수면 아래 놓인 나머지 부분은 인간의 탐험을 기다리는 미지의 영역이다. 그곳에는 행동의 근원이자 자신을 이해하는 핵심 열쇠인 욕구와 감정이 들어 있다.

우리가 무의식을 읽을 수 있게 될 때, 개인과 사회의 문제를 해결하는데 필요한 보다 정확한 해결책을 찾을 수 있을 것이다. 21세기 독서는 심리학적 접근을 통해 무의식 속에 숨어 있는 진실을 찾아내어 읽고, 그 안에 숨어 있는 인간의 핵심 욕망을 해석하여 현실과 연결하고 통합하는 능력을 갖추어야 한다.

관련없어 보이는 것들을 연결하라

언어학자 소쉬르(Ferdinand de Saussure)는 언어를 기표와 기의로 구분하였다. 기표는 의미를 전달하기 위해 사용하는 '글자, 그림, 행동' 등을 의미하고, 기의는 내면에서 일어나는 '의미'를 말한다. 예를 들면, 아래 그림에서 자동차라는 글자는 기표에 해당하고, 그 글자를 보고 각자가 떠올리는 이미지는 기의에 해당한다.

아빠는 오래된 자가용을 처분하고
가족을 위해 새 자동차를 구입하기로 결정했다.

< 기표와 기의 >

소쉬르는 기표와 기의가 1:1로 연결되어 있다고 보았다. 예를 들면, 학교 교과서에 나오는 한용운 시인의 '님의 침묵'에서 '님'은 조국을 의미한다고 한다. 문제는 '님'이 조국을 의미한다고 정해 놓게 되면 학생들은 이를 그대로 받아들여 학습할 수밖에 없다. 그러나 만약 '님'과 조국이 1:1로 연결되어 있지 않다고 가정하면, 사람들은 '님'을 각자의 생각대로 해석할 수도 있을 것이다.

프랑스 정신분석학자 자크 라캉은 한걸음 더 나아가 무의식도 언어 구조를 가지며, 무의식에서는 기표와 기의가 1:1로 연결되어 있지 않고 의미(기의)가 다양한 말(기표) 사이를 떠돌아다닌다고 보았다. 무의식은 표현하고자 하는 의미를 다양한 말이나 표현, 상징 속에 숨겨 놓고 보여 주지 않는다.

은지(가명)의 예를 들어 보자. 6살인 은지가 복통 때문에 일주일에 몇 번씩 유치원에 가지 못하자, 엄마가 병원에 데려가 치료를 받게 하고 음식을 조절해 주었다. 그러나 여전히 은지의 상태가 호전되지 않자, 엄마는 어떻게 해야 할 지 몰라 동동거리고 있었다.

복통은 일반적으로 음식 때문에 오는 경우도 있지만, 스트레스 때문에 오는 경우도 많다는 것을 우리는 알고 있다. 은지의 경우, 먼저 일반적인 치료 방법을 써 보았지만 치료의 효과가 없었기 때문에, 은지의 통증은 신체적인 문제가 아닌 스트레스로 인한 즉 마음의 문제가 원인이라는 것을 충분히 짐작할 수 있다. 그럼에도 불구하고 엄마가 은지의 행동에 숨어 있는 복통의 진짜 이유를 알아내는 것은 결코 쉬운 일은 아니다.

주의 깊게 살펴보았더니, 은지의 복통을 일으키는 원인은 음식이 아니라 '엄마와 같이 있고 싶은 마음'이었다. 은지는 어릴 때 자기의 마음을 자주 표현했었다. 하지만 직장 생활 때문에 은지의 요구를 들어줄 수 없었던 엄마는, 자신이 일을 해야만 가족이 행복하게 살아갈 수 있으니, 힘들어도 잘 참고 유치원에 다니라고 은지를 타이를 수밖에 없는 상황이었다.

은지는 엄마의 말을 듣고 엄마를 힘들게 하면 안 된다고 생각해서 참았지만, 사실 속으로는 엄마와 같이 놀고 싶고, 위로 받고 싶은 마음이 굴뚝같았다. 그러나 은지의 간절한 욕구가 채워지지 않자 시간이 흐를수록 슬픔, 섭섭함, 속상함과 화가 자꾸 쌓여 갔다. 엄마가 가족과 자신을 위해 일하는 데 대한 고마움과 미안함으로 그러한 감정들을 억누르고 있었지만, 시간이 지날수록 쌓인 감정이 신경과 근육을 자극하며 고통을 일으키게 되었다. 그러한 고통은 마침내 '복통'이라는 이름으로 그 실체를 드러낸 것이다.

'배가 아파서 유치원에 안 가겠다는 은지의 행위'는 드러내서는 안되는 은지의 진실을 가리키는 무의식의 기표다. 그러나 복통이라는 기표 자체만으로는 '엄마와 함께하고 싶은 욕구가 좌절된 만큼 쌓인 감정으로 인한 고통'이라는 진짜 의미를, 은지 자신이나 타인이 결코 알 수가 없다. 따라서 표현하는 은지나 주위 사람들 모두 은지가 진짜 말하고자 하는 것을 알아내는 것은 매우 어려운 일일 것이다.

만약 은지가 복통을 일으키게 된 진짜 이유, 즉 그 속에 숨어 있는 진짜 욕구가 무엇인지 알아내고자 한다면, 은지가 보여 주는 서로 다른 기표들이 어떻게 연결되어 있는지를 읽고 확인해야 한다. 요컨대 은지가 배가 아파서 유치원에 가지 않으려고 한 것은, 신체적인 문제가 아닌 마음의 문제로 인한 것이었고, 그 마음은 바로 엄마와 함께 있고 싶은 마음이었다.

우리는 가끔 다른 사람들과 소통이 안 되어 답답함을 느낄 때가 있다. 각자 전달하고자 하는 의미(기의)가 수많은 말(기표들) 사이를 떠돌다가 의미 전달에 실패하기 때문이다. 소통을 하는 듯이 보이지만, 실제로는 의도했던 바가 상대방에게 제대로 전달되지 않아, 각자의 방식대로 해석하다 대화가 끝나 버리는 경우가 많다.

이런 안타까운 일이 일어나는 것은, 우리가 '말하고 싶은 것을 있는 그대로 말하기 어려운 구조' 속에서 살고 있기 때문이다. 다시 말하면,

우리는 이미 만들어져 있는 언어를 받아들여 사용하고 있는데, 언어는 가족, 사회, 문화 및 윤리적 가치 체계에 의해 통제되는 독자적인 의미 망과 규칙을 가지고 있으며 우리는 그 규칙을 따르고 있는 것이다.

인간은 '언어'가 제공하는 규칙 안에서 표현하도록 허락된 것만 표현하게 되고, 허락되지 않은 것은 표현하지 못한다. 예를 들어, 부부가 서로 이혼한 경우 엄마가 '아빠'라는 말 자체를 듣기 싫어한다면, 아이는 아빠라는 단어를 사용하기 어렵게 되어 '그 사람' 또는 '그 남자'와 같은 표현을 사용할 수밖에 없을 수도 있다. 또 부모가 아이의 노는 모습을 용납하지 못하는 경우, 아이는 놀기 위해서 표현하고 싶은 것을 표현하지 않을 수 없으니 이를 다른 기표로 '바꿔치기(치환)' 하거나, '가까운 다른 낱말을 사용(환유)'하여 표현하는 것이다. 삶은 이런 치환과 환유들로 가득차 있다.

사회의 규칙에 따라 한계가 정해져 있는 언어로 자신을 표현하면, 표현하고자 하는 것이 다 표현되지 못하기 때문에 말을 해도 정확하게 표현되지 않을 수 있다. 때로는 분명 자신의 생각이라고 여기고 표현한 것도 때로는 완곡히 조작된 것이 되기도 한다. 아무리 말을 해도 진짜 자신이 표현되지 못하므로 자기를 실현하는 것이 가능할 리가 없다. 이와 같이 표현에 한계가 있어 진정으로 자신을 표현하는데 어려움이 있으니, 자기실현의 길은 얼마나 멀 것인가.

평소 바쁜 일정에도 불구하고 독서 모임에 열심히 참여하여 성장의 귀감이 되었던 한 아빠가 아이와의 갈등 때문에 힘들어했다. 아빠는 아이와 코드가 너무 안 맞아 소통이 어렵다고 했다. 아빠와 아이는 대화를 주고받았지만 서로의 마음이 제대로 표현되지 않고 있었다. 아빠는 아이가 아무 생각 없이 살아가는 것으로 보여 한심하게 생각하고, 아이는 자기에 대해 한심하게 생각하는 아빠의 말을 거부하는 것으로 반항했다. 아이는 아빠가 독서 모임의 리더로 활동하며 좋은 책을 많이 읽고, 좋은 말을 많이 하지만 겉과 속이 다른 이중적인 성격의 소유자라고 생각하고 있었다.

필자는 아이의 행동을 옳고 그름으로 바라보는 아빠에게 잠시 판단을 멈추고, 아이가 어떤 마음일 때 아빠에 대한 반항 행동이 나오는지 추측해 보도록 했다.

필　자 : 아들이 아빠가 원하는 것을 들어주지 않는 방법으로 반항을 하고 있는데, 옳고 그름으로 판단하는 것을 잠시만 멈추고 아들이 어떤 마음이기에 그렇게 행동하는지 추측해 보실까요?

아　빠 : 글쎄요, 왜 내 말을 안 듣는지 잘 모르겠는데요.

필　자 : 혹시 아빠도 다른 사람의 말을 안 들어주고 싶을 때가 있으세요? 있다면 얘기해 주실래요?

아　빠 : 네, 있어요. 상대방이 내 말을 안 들어줄 때 나도 안 들어주게 돼요.

필　자 : 네, 맞아요. 상대방이 나를 존중하지 않고 무시할 때 나도 그 사람을 존중하지 않겠죠. 그렇다면 아들이 아빠 말을 안 듣는다는 것은 아빠가 아들을 존중하지 않는 부분이 있다는 뜻이거든요. 혹시 그런 부분이 있으신가요?

아　빠 : 글쎄요, 나는 아들한테 참 많은 것을 해 주고 있는데요. 책도 사 주고 용돈도 주고 필요한 것은 다 해 주고 있어요.

필　자 : 물론, 그러시겠죠. 그런데 그런 것 말고 혹시 아들이 이전에 아빠와 말이 통하지 않는다고 답답해하거나 속상해 한 적이 있나요?

아　빠 : 네, 있어요. 내 마음대로 결정해 놓고 하라고 강요하지 말라고 했어요.

필　자 : 그랬군요. 그게 언제였고 내용이 무엇이었나요?

아　빠 : 몇 년 됐어요. 제가 아들이 읽으면 좋겠다고 생각하는 책을 사서 줬거든요. 그랬더니 짜증을 내더라고요.

필　자 : 그래서 어떻게 하셨어요?

아　빠 : 아들 좋으라고 해 준 건데 읽기 싫으면 그냥 놔뒀다가 나중에 읽고 싶을 때 읽으면 되지 않느냐고 말했어요.

필　자 : 그랬군요. 아들은 어떻게 반응하던가요?

아　빠 : 나중에는 화를 내더니만 참는 것 같았어요.

필　자 : 참는 것으로 보였네요. 아빠에게 말해도 소용없으니까 아들이 어떻게 하고 싶었을까요?

아　빠 : 네, 그래서 반항을 했다는 뜻이네요. 이제 이해가 돼요. 아들이 왜 내 말을 안 들었는지 알겠어요. 나는 내 입장만 생각했는데 아들 입장에서는 답답하고 화가 났을 거 같아요.

- 중 략 -

아빠는 아이의 욕구와 감정을 제대로 해석하자 비로소 아이를 이해할 수 있게 되었다. 아이의 마음을 알게 된 아빠는, 외부 활동을 통해 삶의 의미를 찾던 행동을 줄이고 아이의 이야기에 귀 기울이기 시작했다. 아빠는 이렇게 말했다.

"나는 책을 많이 읽고 열심히 토론하고 서로의 이야기를 들어주고 나누다 보면 성공적으로 인생을 살 수 있게 될 것이라고 생각했어요. 그런데 정작 내가 가장 소중하게 생각하는 아들의 마음을 읽지 못하고 있었어요. 내가 믿고 있었던 성공 방정식이 틀렸다는 것을 깨달았어요. 그동안 책에서 말하는 대로 하려고 노력했는데, 그 노력조차도 내가 정해 놓은 틀 안에서 이루어졌다는 것을 알게 됐어요. 이제는 아이의 마음을 제대로 읽고 소통하는 사람이 되고 싶어요."

나는 존재하지 않는 곳에서 생각한다

자크 라캉은 "인간은 언어와 문화가 강압적으로 정해 준 자리를 자기의 자리로 받아들이고 살아간다."고 말한다. 그 결과 자신의 진정한 자아는 한 쪽으로 밀려나 있고 가짜 자아가 마치 진짜인 듯 활동하는 것이다. 다른 사람이 정해 준 자리에서 살아가는 인간은, 자기 자신에 대해서 직접적으로 인식할 수 없고 상징을 통해서만 사유할 수 있다. 결국 인간은 자신의 진정한 자아를 위하여 말하지 못하고 메신저 역할만을 하게 된다.

중학교에 다니는 현민이(가명)가 스마트폰에 빠져 있어서 부모가 조언을 구했다. 들어 보니, 현민이는 잠을 안 자고 밤늦게까지 스마트폰 게임을 하고 동영상을 시청하고 있었다. 부모는 스마트폰만 들여다보고 있는 아들이 한심했다. 초등학교 다닐 때까지 책을 많이 읽고 공부도 열심히 하는 모범생이었던 현민이는, 중학교에 올라간 후 부터는 무력감을 느끼며 힘들어했다. 특히 미술을 하고 싶었지만 부모의 반대로 포기하게 되자 책을 읽고 공부하는 일을 그만두었다. 현민이는 자신의 욕구나 감정을 무시하고 공부만 강조하는 부모에 대해서 답답함과 분노를 느꼈다. 그렇다고 부모에게 표현해 보아도 소용없으니 감정들을 참고 견딜 수밖에 없었다.

현민이에게 스마트폰은 숨 쉴 공간이고 세상과의 연결고리였다. 이때 스마트폰은 현민이가 원래 살고 싶은 삶을 살지 못하고 견뎌 내며 사느라 심신이 지쳤다는 것을 알려 주는 상징이다. 그러나 자신을 포함해서 부모도 주변 사람들도 그 상징의 의미를 정확하게 알지 못한 채 현민이는 인생을 포기한 듯 살 수밖에 없었다.

현민이는 원래 자기의 욕구나 힘듦을 언어로 표현할 수 있어야 했지만, 오랫동안 자신의 자아를 무시하고 살았기 때문에 무엇을 어떻게 표현해야 할 지 몰랐다. 다른 사람 또는 사회가 정해 준 것을 반복하며 보이지 않게 강요된 것을 말하고 살아야 했던 현민이는, 자신의 진정한 욕구와 감정이 받아들여지지 않자 반항적인 행동을 했던 것이다.

진정한 자아를 무시할 수밖에 없는 경우 '나'라는 단어도 결코 어떤 확실한 의미를 갖지 못할 수 있다. 어떤 아이가 "나는 대통령이 되고 싶어요."라고 말했다고 하자. 아이들은 부모나 선생님의 기대를 자기 것으로 받아들여서 대통령이 되고 싶다고 말하는 경우가 많다. 그러므로 이때 아이가 말하는 '나'는 사실 아이 자신이 아니고 부모나 선생님일 가능성이 있다. 이런 상황에서 아이의 진짜 '나'는 전혀 표현되지 않는다. 아이의 진짜 '나'는 의식하지 못하는 그 어딘가에 숨어 있다.

미래의 독서는 의식하지 못하는 그 어딘가에 있는 진짜 '나'를 찾아 알아차리고 스스로 표현하는 독서여야 한다. 자크 라캉은, 인간은 스스로 생각하는 주체가 결코 아니며 생각을 당하는 주체라고 말한다. 즉, 인간은 자신도 모르는 '그 무엇'이 이끄는 대로 생각한다. 여기서 그 무엇이란 바로 무의식을 의미한다. 무의식이란 인간이 스스로 무시해야 했거나 무시당했던 욕구와 감정들이다.

무의식에 들어 있는 욕구와 감정은 사람들 의식의 저편으로 밀려나 있기 때문에, 있는지조차도 모르는 경우가 많다. 자크 라캉은 그것을 표현하기 위하여 데카르트의 말을 비틀어 "나는 존재하지 않는 곳에서 생각한다. 고로 생각하지 않는 곳에서 존재한다."고 말했다. "표현되는 말이나 생각이 자기 자신인 것처럼 보이지만, 진짜 욕구와 감정은 의식의 뒤편으로 밀려나 있어서 인식조차 못한다."는 것이다.

미진이(가명)의 사례는 진짜 욕구와 감정이 의식의 뒤편에 어떤 모습으로 존재하고 있는지 보여준다.

미진이는 6학년 때 피아노 대회에 나갈 기대에 한껏 부풀어 있었다. 그러나 아버지가 "대회에 나가봐야 돈만 쓰게 되는데 출전해서 뭐 하냐?"며 나가지 못하게 하였다. 무서운 아버지의 뜻을 거역하지 못했던 가족들은 침묵했고, 어린 미진이는 혼나지 않기 위해 자신이 원하는 것들을 포기해야 했다.

그 후 미진이는 아버지가 원했던 경제력을 빨리 갖추기 위해 간호대를 선택했고 졸업 후 대학 병원에 취직했다. 부모님은 안정적인 직장 생활을 하는 딸을 보며 기뻐했다. 미진이는 부모님을 실망시켜드리고 싶지 않아 힘들어도 참으며 열심히 직장 생활을 했다. 인생이 별 어려움 없이 풀리는 듯 했다. 그러나 자신이 원하는 삶을 살지 못하는 데서 오는 공허함과 우울감을 느끼던 중에, 문득 어린 시절 나가고 싶었던 피아노 대회를 포기했던 아픔이 떠올랐다. 가끔 떠오른 생각이었고 그럴 때마다 안정적인 직장을 다니는 괜찮은 인생이라고 스스로 다독이며 지내왔다. 하지만 문득문득 자신이 원하는 것을 하지 못하게 했던 부모에 대한 원망의 마음이 올라오는 것을 막을 수가 없었다.

미진이는 결혼하면 자신이 원하는 삶을 살겠다고 마음먹고, 결혼을 하자마자 피아노를 가장 먼저 구입해서 레슨을 받기 시작했다. 그러나 그것도 오래 가지 못하고, 직장과 육아에 시달리자 다시 포기할 수밖에 없었다. 한편, 어릴 때 자기 것을 포기하고 부모님이 원하는 모습에 맞추어 살았던 미진이는, 첫째 아이가 버겁고 힘들었다. 첫째 아이는 자신이 원하는 것을 포기하지 않고 들어줄 때까지 끊임없이 요구했기 때문이다. 미진이는 아이의 그런 모습이 부럽기도 했지만 너무 이기적이라는 생각이 들어 억울하고 화가 나서 견디기가 힘들었다.

미진이는 균형심리 독서를 통해 자신의 이슈를 탐색함으로써 그런 억울함과 분노가 어디에서 왔는지 이해하게 되었고, 자신의 내면에 있는 진정으로 존중받고 싶었지만 무시당했던 욕구를 존중할 수 있었다. 자신의 내면에 풀리지 않고 쌓여 있었던 감정들이 풀리자, 이제 아이를 있는 그대로 보고 대할 수 있을 만큼 회복이 되었다.

무의식에 들어 있는 욕구와 감정을 읽어 내어 삶에서 겪는 여러 문제들을 해결할 수 있도록 할 때, 미래의 독서는 진정 인간을 인간답게 살도록 돕는 역할을 하게 될 것이다.

13장

나의 독서 패턴을 알아야 한다

"나는 내 기억이 편집된 결과다. 자신에 관한 텍스트는 자신의 과거 이야기, 즉 기억으로 구성된다. 문제는 그 기억이란 항상 자의적이고 편파적이라는 사실이다. 이를테면 내가 중요하다고 여기는 것만 기억에 포함시킨다. 뿐만 아니다. 내가 기억하는 나의 구체적 내용은 상황에 따라 달라진다. 콘텍스트(맥락)에 따라 전혀 다른 '나'가 편집된다는 소리다."

- 김정운 문화심리학자, 『에디톨로지』

욕구집착, 욕구포기 패턴의 독서 특징

건강한 독서를 하려면, 사람들의 독서 패턴의 건강한 부분과 왜곡된 부분을 파악한 후, 건강한 부분은 발전시키고 왜곡된 부분은 개선해야 한다. 이것을 소위 '맞춤식 독서'라고 할 수 있는데, 독서 패턴을 구분하지 못하고 늘 하던 대로만 하면 자신의 독서 방법이 얼마나 건강한지 또는 왜곡되어 있는지 알 수 없게 된다.

개인의 독서 패턴은 성격, 어휘력, 독서 습관, 독서 방법, 개인의 내면에 자리 잡고 있는 해석 프로세스 그리고 책과의 상호 작용을 종합적으로 분석하여 파악할 수 있다. 독서 패턴의 형성 요소 가운데 특히 성격은, 독서 패턴의 형성에 직접적인 영향을 주기 때문에 자세하게 분석할 필요가 있다. 다음에서 균형심리학의 욕구와 관계 이론을 기반으로, 성격과 독서 패턴의 특징을 설명하려고 한다.

욕구집착 패턴의 독서 특징

욕구집착 패턴을 가진 사람들에게 책은 자신의 꿈을 이루기 위한 수단과 방법이다. 이들은 어린 시절의 억울했던 경험 때문에 손해를 회복하고 잘못된 것을 바로잡으려는 에너지가 크다. 이러한 특징 때문에 이들은 손해를 회복하고 목표를 성취하려는 관점으로 책을 읽는다. 책에 대한 기호가 분명한 편이어서, 자기의 욕구나 목표의 성취에 도움이 되면 적극적으로 읽으려고 하고, 그렇지 않으면 읽지 않거나 건성으로 내용만 파악한다. 이러한 사람들은 책의 내용이 자기에게 필요한 것인지를 확인하는 것이 중요하기 때문에, 책을 읽을 때 빠르게 훑어보는 경향이 있으며, 천천히 꼼꼼하게 읽는 것을 힘들어한다. 즉 책의 일부 내용만 보고 전체를 판단하는 경향이 있다.

보통 꿈을 성취하는데 도움을 주는 자기 계발서와 같은 책을 좋아한다. 다른 사람이 어떻게 해석할지에 대해서는 별로 신경쓰지 않는다. 독서 계획을 수립하더라도 자신의 욕구와 흥미에 따라 변화가 심하다. 책의 주제나 핵심을 자기 마음대로 해석하거나 바꾸려 하며 책의 내용을 자기의 관심사와 연결시켜 해석하려는 경향을 보인다.

다음은 집착 패턴의 양면성을 정리한 것이다. 패턴이 건강하게 발휘되면 자기 자신과 타인의 성장을 촉진하지만, 자신의 패턴만 고집하는 상황에서는 자신의 욕구를 위해 다른 사람을 희생시키게 된다. 관계를 깨뜨리고 다른 사람의 마음을 아프게 할 수 있다.

• 건강한 욕구집착

· 도전적, 활동적, 진취적, 민첩함, 성취, 적극적
· 자신의 의사를 정확하게 표현한다.
· 직감이 뛰어나고 일 처리가 빠르다.
· 도전을 잘하고 불가능은 없다고 생각한다.
· 실패를 두려워하지 않는다.
· 기회를 잘 포착한다.
· 자유롭고 창의적이다.

• 해로운 욕구집착

· 이기적, 독재적, 방종적, 억지, 과장, 직선적, 공격적
· 자기 중심적이고 이기적이다.
· 자기 욕구만 챙기다가 관계를 잃는다.
· 자신의 실패를 인정하지 않는다.
· 과도한 자신감으로 교만하다.
· 자기에게 이익이 안 되는 규칙과 질서에 대해 비판적이다.

욕구포기 패턴의 독서 특징

욕구포기 패턴을 가진 사람에게 책은 인생을 살아야 하는 원리와 규범을 제공하는 지침서이다. 이들은 자기의 개인적인 목표 성취에 도움이 되는 정보를 얻는 것 보다는, 함께 살아가는데 필요한 교훈을 얻는 것에 초점을 맞추어 읽으려고 한다. 책을 읽으라고 하면, 싫어하는 책이라도 계획을 세워 꾸준히 읽는 편이며, 저자의 의도를 파악하는데 초점을 맞춘다. 독후감이나 일기를 비교적 성실하게 쓰려고 노력한다.

평상시에 갈등을 싫어하고 두려움이 많으며, 일부 내용에 지나치게 신경을 쓰느라 책의 핵심을 놓치거나 전체적인 흐름을 놓치는 경우가 있다. 독서를 잘 하고 있는지 다른 사람에게 확인을 받으려고 하며, 제시해 준 틀에 따라 읽기 때문에 창의적으로 읽지 못한다. 서운하고 화가 날 때 책을 읽으며 견디는 경향이 있다.

● **건강한 욕구포기**

· 규칙적, 안정적, 헌신적, 성실, 배려, 양보, 희생적, 순종적
· 평화적 해결을 위해 노력한다.
· 타인을 위해 자신의 것을 양보한다.
· 맡은 일에 책임을 다하고 성실하다.
· 규칙을 잘 지키고 안전을 좋아한다.
· 갈등 없이 원만한 해결을 잘 한다.

- 헌신적으로 돕고 함께한다.

- 두려움, 무기력, 의존적, 회피, 수동적, 맹목적
- 두려움이 많아 기회가 와도 도전하지 못한다.
- 양보만 하다가 자신의 것은 손해 본다.
- 자기 자신을 위한 일은 열심히 하지 못한다.
- 규칙에 매여서 융통성이 없다.
- 갈등을 회피하거나 덮으려고만 한다.
- 문제가 생기면 타인에게 의존한다.

관계밀착, 관계단절 패턴의 독서 특징

관계밀착 패턴의 독서 특징

관계밀착의 패턴을 가진 사람에게 책은 사람들과 교류하고 친해지는 수단이다. 어린 시절에 수용과 애착의 결핍으로 고통을 받았던 사람이기 때문에, 책에서도 따뜻함을 추구하고 서정적인 내용의 책을 좋아한다. 책 속의 인물들에 관심이 많다. 책 읽는 동안이나 읽은 후에, 한동안 책 주인공에 몰입되어 헤어 나오지 못하기도 한다. 이 사람은 작가의 인생 스토리에도 관심이 많아서 책을 선택할 때 작가 위주로 선택하기도 한다. 역사서의 경우 실제사건 위주의 내용도 중요하지만 야사도 좋아하는 편이다.

이 패턴을 가진 사람들은 독서 모임의 활력소 역할을 한다. 관계가 불안하면 가만히 앉아서 책을 읽지 못한다. 주변 사람들의 말에 혹해서 책을 선택하고 종종 후회한다. 날씨와 기분에 따라 선택하는 책 장르가 달라지기도 한다.

• 건강한 관계밀착

- 사교적, 외향적, 공감적, 열정적, 따뜻함, 친밀함, 개방적, 우호적
- 누구에게나 친절하고 따뜻하게 대한다.
- 공감적이고 관대하며 동정심이 많다.
- 사람들과 함께 있는 것을 좋아한다.
- 밝고 따뜻한 분위기를 조성한다.
- 먼저 다가가고 나눔을 좋아한다.
- 상대방의 필요를 예측하고 잘 챙긴다.
- 인간 관계가 좋고 후덕하다.

• 해로운 관계밀착

- 선동적, 조종, 시기, 질투, 파벌, 과장, 혼란, 융합
- 다른 사람의 일에 간섭하고 잘 끼어든다.
- 혼자 있기 싫어한다.
- 해로운 관계 단절을 잘 못한다.
- 사람을 조종하고 파벌을 형성한다.
- 관계에서 집착하느라 중요한 것을 못한다.
- 상대방의 사생활을 다 알고 싶어한다.

관계단절 패턴의 독서 특징

관계단절 패턴을 가진 사람에게 책은 세상의 원리를 이해하고 파악하는 도구이다. 간섭과 속박의 고통을 느꼈던 사람이기 때문에 관계의 얽힘을 다루는 내용을 싫어하며, 이론과 논리와 사실을 다루는 책을 좋아한다. 서정적인 글보다는 논리적인 글을 좋아한다. 감성을 빼고 이성적이고 분석적으로 책을 읽는다. 드라마나 소설의 역사적인 배경, 사회구조, 사건 등에 관심이 많다. 항상 일정한 거리를 유지하며 관찰하는 태도로 책을 읽기 때문에 통찰이나 비평을 잘하고 독특한 시각을 제시하기도 한다. 자기만의 상상의 세계를 만들고 그 안에 있으려고 한다. 자기가 좋아하는 분야만 열심히 읽고, 필요하면 몇 날 며칠이고 혼자서 책만 본다. 다른 사람이 좋다고 추천해도 관심이 없으면 듣지 않는다. 책을 읽어도 감정적인 변화가 별로 없고 주인공이나 등장인물의 이름을 잘 못 외운다.

● **건강한 관계단절**

- 논리적, 철학적, 사색적, 분석적, 원칙적, 신중함, 독립적, 통찰력
- 정에 치우치지 않고 객관적이다.
- 핵심을 분석하고 논리적으로 해결한다.
- 분명한 목적과 방향이 있다.
- 사전에 계획하고 체계적이다.

- 다른 사람의 삶을 존중하고 경계선을 잘 지킨다.
- 자신의 울타리 안에 있는 사람을 소중히 여긴다.

● 해로운 관계단절

- 거리감, 무관심, 무반응, 회피, 냉정함
- 필요한 사람하고만 관계를 맺는다.
- 직선적으로 표현하여 차갑고 냉정하다.
- 갈등이 생기면 관계를 단절해 버린다.
- 다른 사람과 함께하는 일을 싫어한다.
- 융통성이 없고 원칙대로만 한다.
- 다양한 감정 표현이 서툴다.
- 자기에게 몰입하여 다른 사람에 대해서는 신경쓰지 않는다.

패턴별 맞춤식 독서법

현대인들은 문명의 발전 덕분에 각자의 체질, 몸의 사이즈 그리고 질병에 따라 맞춤식으로 음식을 섭취하고, 옷을 입고, 약을 복용한다. 독서도 이제는 개인의 독서 패턴을 파악하여 건강한 부분은 더욱 발전시키고 왜곡된 부분은 치유하며 맞춤식으로 읽어야 할 때가 되었다.

독서 패턴을 파악하면 독서가 각 사람의 말, 행동, 독서 습관 및 욕구와 관계 충돌을 조율하는 방식에 어떤 영향을 미치는지 분석할 수 있다. 또한 개인이 책을 보면서 어떤 감정을 느낄지, 어떤 생각을 할지, 어떻게 해석하여 행동할지 유추할 수 있게 된다. 균형심리 독서는 개개인의 독서 패턴을 파악한 후, 다음과 같은 방법으로 각 패턴에 맞게 맞춤식 독서를 진행한다.

욕구집착

1. 성취를 위한 욕구가 강하기 때문에, 자기의 목표 달성에 도움이 되는 것만 보느라 주변 사람들이 겪어야 할 어려움과 불편함을 보지 못할 수가 있다. 그러므로 자신의 선택이 타인과의 관계에 어떤 영향을 주는지 볼 수 있도록 함으로써 관계적인 측면을 고민하는 기회를 제공한다.

2. 자신이 원하는 목표가 무엇을 위한 것인지 찾도록 한다. 진정으로 자신의 자아 성취를 위한 것인지, 지는 것이 억울하고 싫어서 보여 주기 위해 선택한 것인지 볼 수 있도록 한다.

3. 한꺼번에 여러 가지를 하려고 할 때, 중요한 것에 집중할 수 있도록 돕는다. 부당하게 빼앗긴 것에 대한 억울함이 쌓여 있기 때문에, 그것을 채우고 싶은 마음이 커서 자신도 모르게 한꺼번에 많은 것에 도전하려고 한다. 그런 마음을 찾아서 읽어 주고 회복하는 과정이 필요하다.

욕구포기

1. 부모님이나 선생님의 기대에 따라 책 읽기를 하는 것은 아닌지, 부모님이 바라는 것을 받아들여 자기의 것처럼 여기고 있지는 않은지에 대한 확인이 필요하다. 목표를 설정할 수 있기 위해서는 자기가 진

심으로 원하는 것이 무엇인지 찾을 수 있어야 한다.

2. 자신의 욕구를 포기하고 살아서 무엇을 선택해야 할 지 잘 모르는 경우가 많기 때문에, 자율성을 회복시켜 주어 자신의 필요와 욕구에 따라 선택하는 삶을 살도록 도와준다. 어떤 선택을 하더라도 스스로 선택할 수 있도록 격려하고 작은 성취라도 진심으로 칭찬해 줄 뿐만 아니라, 스스로 선택한 결과가 기대 이하일지라도 칭찬하고 격려함으로써, 자존감이 커지도록 도와주어야 한다.

3. 자기 자신을 위해 무언가를 하게 되면 이기적이고 나쁜 사람이라는 생각을 하기 때문에, 억지로 선택하게 하면 부작용이 나타날 수도 있다. 그러므로 억지로 선택하게 하지 않고 오히려 선택이 어려운 이유를 찾아서 감정을 풀어 주어야 한다. 자기가 좋아하는 것을 선택할 때 느끼게 되는 두려움, 죄책감을 찾아서 소통하도록 한다.

관계밀착

1. 혼자 책을 읽고, 혼자 공부하고, 혼자 무언가를 하는 것을 불편해하며 외로움을 느낀다. 혼자 하는 활동을 싫어하고 재미없어 하며 집중하지 못한다. 그러므로 다른 사람과 함께 목표를 성취할 수 있도록 한다.

2. 사람들과 어울려 함께 활동하는 따뜻한 분위기에서 더 집중을

잘한다. 사람들과 함께하는 것을 좋아하기 때문에, 그룹 스터디, 친목 모임, 독서 모임에서 사람 사는 이야기를 나누거나 책 내용을 나누거나 퀴즈를 내는 방식 등 함께 어울려 활동할 수 있도록 한다.

3. 혼자 활동하는 것을 힘들어할 때는 억지로 혼자 있게 하지 말고, 혼자 있을 때 올라오는 감정을 찾아 풀어 주어야 한다. 혼자 남겨져 외로움을 느꼈던 경험을 찾아내어 쌓여 있는 감정을 소통할 때, 함께해도 자유롭고 혼자 있어도 자유로운 힘이 생긴다.

관계단절

1. 사람들이 많고 시끄러운 곳에서는 집중하지 못하고 빨리 지치기 때문에, 다른 사람의 방해를 받지 않는 조용한 분위기에서 혼자 무언가를 할 수 있도록 한다.

2. 문제 해결을 위한 자료와 도구를 제공해 주어야 한다. 사람들과 함께하기보다는 스스로 탐색하고 스스로 정리하는 것을 좋아하기 때문에 책, 컴퓨터, 도구와 같은 다양한 자료를 제공한다.

3. 사람들과 함께 무엇인가를 해야 할 때 힘들어하고 피하려고 하면, 억지로 함께하도록 강요하지 말고 사람들과 함께할 때 느끼는 불편한 감정을 찾아서 풀어 주어야 한다. 사람들과 함께 있을 때 느끼는 무의미함, 구차함, 귀찮음, 답답함과 같은 감정들이 언제부터 생겼는지

이야기를 들어 보고, 사람들로부터 상처받은 감정을 풀어 줄 때 관계 속으로 나아가는 힘이 생긴다.

　사람들은 독서에 많은 관심을 가지고 있고, 다양한 독서법을 활용하여 성공적인 독서를 하고 싶어한다. 그러나 고민하는 당사자의 이야기와 독서 패턴을 파악하지 않고 그저 독서 방법만을 추구한다면 원하는 결과를 얻지 못할 가능성이 많다. 독서 방법은 성격, 패턴과 밀접한 관련이 있기 때문이다.

　독서 방법에는 속독, 정독, 통독, 슬로우 리딩 등 다양한 독서법들이 존재하는데, 서로 다른 독서법은 각각의 독서법이 가진 한계와 단점을 보완하는 기능들을 가지고 있다. 그렇지만 사람들은 편안하게 느끼는 한두 가지의 독서법을 고집하는 경우가 많다. 다양한 독서법을 배워서 사용하려고 해도 패턴 때문에 잘 되지 않는 것이다. 우선 자신에게 익숙하고 편한 독서법을 사용하되, 독서 패턴을 확장시키는 작업을 통해 다른 독서법들도 편하게 사용할 수 있는 힘을 기르는 것이 필요하다.

　한편 독서에 있어서 중요한 것으로 어휘력을 들 수 있는데, 독서 패턴에 따라 어휘의 의미가 다양하게 해석될 수 있기 때문에, 단순히 어휘력을 늘리는 것만으로 독서를 잘 하는 것도 매우 어렵다. 그 이유는 패턴이 강할 수록 한 가지 극단적인 의미에 갇힐 수 있기 때문이다.

　사람들이 자신의 독서 패턴을 파악함으로써 각자에게 맞는 맞춤식 해결책을 찾으면, 독서에 대한 고민을 해결할 수가 있고, 원하는 것과 잘 하고 싶은 것을 찾아서 개발할 수 있다. 그리고 무엇인가 열심히 하는데 안 되고 막힐 때, 균형심리 독서를 통하여 어디서 무엇 때문에 막혔는지 정확하게 찾아내고 분석함으로써 건강한 독서, 건강한 세상 읽기를 할 수 있다.

14장

사람을 위한 독서를 해야 한다

"사람들은 높은 산, 바다의 넘실대는 파도, 강물의 드넓은 조류, 별들의 운행들을 감탄하기 위해 외국에 간다. 그러나 정작 자신들이 가진 신비를 생각 없이 지나쳐 버린다."

- 아우구스티누스(Aurelius Augustinus)

일상을 읽는 인문학

인문학이란 라틴어로 후마니타스라고 하며 인간다움을 의미한다. 많은 대학들이 인간다움의 실현을 위하여 인문 독서 운동을 해 왔지만, 언어와 논리의 지배를 받는 로고스 중심주의(logocentrism)의 틀을 완전히 벗어나지 못했다. 그 이유는, 지식과 정보가 담긴 책을 통해 인간다움의 실현이 가능하다고 생각했기 때문이었다. 그러나 로고스 중심주의(logocentrism)에 갇혀 있는 상태에서는 창의성과 상상력에 바탕을 둔 인문학적 능력이 키워지지 않는다.

정신분석학자 자크 라캉이 말한 것처럼, 인간은 자신도 모르는 사이에 무의식이 이끄는 대로 생각하며 틀에서 벗어났다고 생각하지만, 여전히 틀 안에 갇혀 있으며 심지어 자신이 어떤 틀에 갇혀 있는지 잘 모른다. 문자 읽기를 통한 자유로운 탐구와 교육을 추구하는 인문학은 한계에 다다랐다. 문자로 대표되는 이성적 읽기의 틀을 깨고 일상 그 자체가 인문학의 소재가 되어야 한다.

몇 년 전 한국에서 인문 독서 열풍이 불었다. 인문학만 공부하면 스티브 잡스처럼 창의성이 생기고 세상을 변화시킬 리더십을 키울 수 있을 것으로 기대했다. 그러나 지금 그런 이야기를 하는 사람들은 별로 없다. 인문 독서 열풍이 사그라든 이유는 첫째, 자신의 불균형이 어떤 결핍에서 오는지 모르는 채 인문학을 공부했기 때문이다. 이런 방식은 마치 몸이 아플 때 원인이 무엇인지 모르는 상태에서 아무 약이나 많이 먹는 것과 같아서, 많은 지식을 습득할 수 있을지는 모르나 내면의 불균형이 더 커지고 이에 따라 편견은 더욱 커질 수도 있다. 둘째, 설령 인문 독서를 통해 자기 자신의 결핍을 해소하는 방법을 찾아냈더라도 타인과 연결시키지 못하는 경우 여전히 한계에 부딪친다.

인공지능 시대의 새로운 패러다임의 변화도 인문 독서의 개선을 요구한다. 인공지능 시대에도 계속해서 틀에서 벗어나 자유로운 학문을 추구하려면 글자 읽기(책 읽기)에 갇히지 말고 글, 그림, 음악, 자연, 경험 등 일상 그 자체를 인문학의 소재로 삼아야 한다. 일상을 읽을 대상으로 삼으면 우선 고전, 역사, 문학 등 방대한 독서를 해야만 인문학 읽기를 할 수 있다는 부담에서 벗어날 수 있다. 지금처럼 책이 많지 않았던 시대를 살았던 사람들 중에서, 책을 많이 읽는 현대인들보다 더 뛰어난 인문학적 통찰을 보여 주었던 인물들이 적지 않다. 무엇보다 일상의 문제와 고민을 인문학 소재로 삼으면, 오히려 어떤 책과 지식을 찾아 읽어야 하는지 정확하게 알 수 있기 때문에, 효과적으로 인문학 공부를 할 수가 있다.

다음은 어느 교육청 학부모 지원센터 주최 강연에서 한 학부모의 질문과 필자의 대답을 담은 글이다. 이것은 지금 우리들의 고민이기도 하다.

질문 :

"아이를 억압하지 않고 자유롭게 자신의 길을 찾아가도록 해 주고 싶은데요. 학교 공부를 못하면 어떤 선생님들은 한심한 아이로 대하는 경우가 있어요. 상처받지 않도록 지켜 주기 위해 할 수 없이 학원도 보내고 학교 공부도 열심히 시켜요. 인문학을 공부할 시간이 없어요. 어떻게 해야 하나요?"

대답 :

"아이가 상처받지 않도록 지켜 주고 싶은 엄마의 마음 이해 돼요. 때로 교사의 왜곡된 인식 그리고 학교 시스템의 압박 속에서, 아이로 하여금 자신이 원하는 것을 찾아가도록 시도하는 것이 쉽지는 않아요. 그럴 때는 우리가 처한 환경 자체를 인문학적 이슈를 다루는 환경으로 바꿔볼 수 있어요.

인문학 책이 다른 책하고 다른 점이 있어요. 인문학 책은 인간의 삶과 죽음의 경계선에 있는 이슈들을 다뤄요. 옳고 그름으로 단정 지어 말할 수 없는 이슈들, 그리고 인간이 되기 위하여 치열하게 고민해야 하는 이슈들이죠. 엄마가 말한 '아이의 힘든 상황' 그 자체를 인문학적인 이슈로 바라본다면, 굳이 인문학 책을 읽지 않아도 아이는 이미 몸으로 인문학을 공부하고 있다고 볼 수가 있어요.

엄마는 아이와의 대화를 통해 학교 및 사회의 왜곡된 인식이 아이에게 어떤 영향을 미치는지 확인할 수 있어요. 아이가 그 왜곡된 반응에 대하여 무엇을 느끼고, 어떻게 하고 싶은지 그리고 아이의 욕구가 건강한 것인지 아니면 왜곡된 것인지 확인하고, 그 중 실행 가능한 것 한두 가지를 시도해 본 후, 그 결과를 가지고 다시 보완해서 더 좋은 방법을 찾아보는 시도를 반복하는 거죠.

그렇게 하는 동안 아이는 학교 및 사회의 왜곡된 인식에 갇혀 있지 않게 되고, 마음의 상처를 회복하는 작업을 하게 되며 문제를 해결하는 다양한 방법에 창의적으로 접근하는 방법을 배우게 되지요. 아이는 자기보다 힘이 세고 영향력이 큰 사람을 대하는 법을 배우게 되고, 그리고 마침내 학교와 사회의 왜곡된 인식과 왜곡된 시스템을 개선하는 힘을 가지는 아이가 돼요.

학교에서 혼나지 않으려고 또는 고통을 받지 않기 위해 공부를 열심히 하며 다시 시간을 내어 인문학을 공부하는 아이는, 인문학 책을 읽을 수는 있으나 삶과 괴리된 인문학 공부가 될 가능성이 커요."

일상을 읽는 인문학적인 삶은 개인과 사회의 과거, 현재, 미래를 통합하는 데에도 도움이 된다. 인류의 미래는 과거의 경험과 지혜를 현재에 알맞게 적용하고 새로운 시각으로 재해석할 수 있을 때 열리는데, 그 시작점은 항상 자기 자신이다.

일상을 읽는 작업을 통해 과거 자기 자신의 삶에 어떤 균형이 깨졌고, 그것이 현재의 삶에 어떤 영향을 미치고 있으며, 앞으로 삶을 어떤 방향으로 이끌어 가게 될 지 살펴보는 것이다. 그러한 과정을 거쳤을 때, 고전에 담겨있는 지식과 지혜가 현재의 삶과 통합하여 인간에 대한 깊은 통찰과 해석 능력으로 나타나며, 인문 독서는 같은 문제를 반복하는 제자리 걸음에서 벗어나 혁신의 길로 나아가게 된다.

일상을 인문학의 소재로 다루게 되면, 자기의 삶과 연결된 문제들이 어떤 결핍에서 비롯된 것인지를 탐색할 수 있기 때문에, 새로운 기회를 만들어 낼 수 있다. 자신의 결핍을 해결할 구체적인 방법들을 찾아 시도해 보고, 그 활동 범위를 점차 타인으로 확장해 나갈 수가 있다. 인문학을 통해 극적인 변화를 겪었던 에디슨, 처칠 그리고 아인슈타인 등의 인물들은 자신의 삶과 연결된 인문 독서를 했던 사람들이다. 그들은 자신의 인생에서 발생한 고통을 극복하려는 간절한 열망을 가졌고, 인문학적 접근을 통해 변화를 경험할 수 있었다. 인문학이 그들을 바꾼 것이 아니고, 그들 자신의 인생에서 발생한 고통을 극복하려는 간절한 열망으로 인문학을 만났을 때 변화가 일어난 것이다.

좋은 책의 기준을 새롭게

책을 크게 세 가지로 나누어 본다면 좋은 책, 나쁜 책 그리고 필요한 책으로 구분할 수 있다. 좋은 책은 인간에 대한 철학, 지식, 역사 및 지혜를 담고 있기에, 인간으로 하여금 인간다운 삶을 꿈꾸고 설계하고 실천할 수 있는 힘이 되어 준다. 그러나 이것만으로는 좋은 책이 되기에는 부족하다. 나쁜 책은 사람들의 경계를 침범하여 인간다움을 상실하게 만드는 책으로 해로운 기준을 제시한다. 또한 욕구와 관계의 왜곡된 상태를 정답으로 강요하며 맹목적인 복종을 요구한다. 필요한 책은 인간에게 필요한 지식과 정보를 제공하는 책들이다.

아무리 좋은 책이라도 독자가 책 내용을 자신의 삶과 연결하지 못한다면, 그 어떤 책도 좋은 책이 될 수 없다. 반면, 만약 독자가 어떤 책이든 균형 잡힌 시각으로 인간의 삶과 연결하여 재해석할 수 있는 힘이 있다면, 어떤 책이라도 좋은 책이 될 수 있다. 이런 의미에서 책을 좋은 책, 나쁜 책으로 구별하여 말하는 것은 큰 의미가 없는 일일 수도 있다. 책이 문제가 아니라 읽는 사람의 해석 능력이 문제이기 때문이다.

그럼에도 불구하고 좋은 책의 기준을 정해야 한다면 어떻게 해야 할까? 먼저 우리는 어떤 책을 좋은 책이라고 생각하고 있을까?

다음 사례 1, 2를 통해 살펴보자.

사례 1 : 건강한 기준 없이 사회가 제시하는 좋은 책의 기준을 무조건 따른 사례

"첫 아이를 출산하고 육아 정보가 필요했어요. 친정 엄마의 조언이 시대에 맞지 않는 것 같아서, 인터넷 검색해서 좋은 책이라고 알려진 육아서를 찾아서 읽었어요. 영유아기의 수면 패턴이 두뇌의 발달과 성장에 직접적인 영향을 준다는 내용을 접하고, 책에 나와 있는 대로 하려고 열심히 노력했어요. 연령별 발달 특징을 익히고 내 아이가 그에 맞게 잘 성장할 수 있도록 최선을 다했어요. 분유도 정해진 시간에 정한 분량대로 정확하게 맞춰 먹이고, 되도록 규칙적인 수면 패턴을 유지시켜 주기 위해 노력했어요.

그렇게 하다 보니 아이가 규칙적으로 성장하는 것 같아서 마음이 뿌듯했어요. 하지만 때로는 규칙에 맞추기 위해 아이에게 억지로 먹이고 억지로 재워야 했고, 정해진 대로 하지 않으면 아이가 잘 크지 못할 것 같은 심리적인 불안과 스트레스를 받았어요. 육아 스트레스 때문에

내 머리카락이 엄청 빠졌어요. 그럴수록 나는 책 내용과 조금이라도 다르게 한 것은 없는지를 살펴보았지, 내용 자체를 의심해 볼 생각을 못했어요. 지금은 너무 후회가 돼요. 물론 잘 모르는 내가 그럴 수밖에 없었던 상황이 이해가 되기는 하지만, 아이한테는 너무 미안하고 속상해요. 책도 결국 저자가 어떤 문화에서 어떤 경험을 하며 쓰게 되었는지에 따라 육아법이 많이 다르다는 것을 알게 되었어요. 시간을 되돌릴 수만 있다면 책대로만 하지는 않을 거예요."

사례 2 : 책을 자신의 패턴을 강화하는데 사용한 독서 사례

"남편은 집에 혼자 있는 시간이 많아요. '일이 힘들다. 사람들이 이상하다. 세상이 불공평하다.'는 여러 이유로 회사에 적응하지 못하고 그만두기를 반복해요. 남편은 착하고 검소하고 똑똑하지만 사람들과 만나지 않고 집에서 혼자 컴퓨터를 하거나 책만 봐요. 어차피 인생은 혼자고 빈손으로 왔다가 빈손으로 가는데 아등바등 살아서 뭐하냐며 마음 편하게 사는 게 최고라고 해요. 저하고도 별로 싸우지 않아요. 대꾸를 안 하니까요. 차라리 싸움이라도 하면 좋겠어요.

어느 날은 베스트셀러인 법정 스님의 '무소유'라는 책을 가지고 오더니 책을 펼쳐 보이며 '여보, 여기 봐봐, 다 내려놓으라잖아. 몸과 마음을 비워야 사람이 행복해지는 거야. 소유하려는 순간 마음은 지옥이 되는 거야. 알겠어?' 라고 말하지 않겠어요. 얼마나 기가 막히던지.

집안 살림에 아이들 교육비 걱정이 태산 같은데 그런 속편한 소리만 하고 있으니 할 말이 없더라고요. 내가 너무 답답해서 한마디 하면 세상에 대한 집착을 버리라고 해요. 내가 욕심이 많아서 그렇대요. 세상 기준으로 아이를 키우면 망친다고까지 하니 할 말이 없어요. 나도 '무소유' 책을 좋아하지만 그 순간은 정말 집어 던지고 싶었어요."

우리는 이렇듯 개인적 검증 없이 사회가 제시하는 좋은 책의 기준을 따르거나 자신의 패턴을 강화하기 위해 필요한 독서를 하는 경우들이 많다. 그러나 좋은 책의 기준은 개인의 독서 패턴에 따라 달라지기 때문에 먼저 자신의 독서 패턴의 건강함과 왜곡됨을 이해하여, 자신의 해석이 어떤 상황에서 어떻게 왜곡되는지 이해하고 건강하게 자신의 필요를 채우는 독서를 해야 한다. 패턴을 무시하고 그냥 마음 내키는 대로 독서를 하면 건강한 부분에서는 문제가 되지 않지만, 왜곡된 부분에서는 그 왜곡됨이 더 강화될 수 있기 때문이다. 내 삶에 건강한 방향을 제시하고 실천할 수 있는 힘을 주는 것이라면, 그것이 책이든 사람이든 자연이든 어떤 것이든 나에게 좋은 책이다.

인공지능 시대의 독서 모임

사람들이 독서 모임에 참여하는 이유는, 혼자 독서할 때보다 다각적인 관점에서 책을 해석하고 경험을 나눌 수 있기 때문이다. 독서 모임은 삶의 변화와 성장의 장으로서의 역할을 한다. 특히 요즘처럼 스마트 기기로 둘러싸여 있는 시대가 될수록 사람에 대한 향수가 커지기 때문에, 독서 모임도 점점 더 다양하고 활발한 형태로 진화하고 있다. 그러나 그동안 독서 모임은 사유 중심의 독서 활동을 통해 생각을 바꿈으로써 삶의 변화를 추구하려고 했다. 하지만 그러한 변화는 자신의 패턴 안에서 가능한 부분 만큼만 일어나는데, 그 이유는 독서 모임에서는 보통 집단 전체가 함께 공유할 수 있는 내용에 한정해서 다루기 때문이다. 그러다 보니 개개인의 마음에 숨어 있는 핵심 문제와 그 문제를 해결할 방법을 찾는 데는 한계가 있다.

4차 산업 혁명 시대는 건강과 행복을 추구하는 마음 중심의 시대이기 때문에, 사람들의 필요를 채우기 위해서는 사유 중심의 독서에서 벗어나 마음을 더 직접적으로 다룰 수 있어야 한다. 미래의 독서 모임이 마음의 회복과 삶의 패턴을 변화시키는 모임으로 변하려면 다음과 같은 준비가 필요하다.

첫째, 개인적인 아픔을 이야기해도 되는 안전한 환경을 마련해야 한다. 독서 모임에 참여하는 사람들이 정해진 시간 안에 자신이 해결하고 싶은 문제를 꺼낼 수 있도록 안전한 환경을 만들어 주어야 한다. 한 사람의 이야기 속에 숨어 있는 욕구와 감정을 깊이 이해하고 탐색하고 그 이야기의 일부가 되어 공감하고 같이 해결책을 찾는 작업을 함으로써, 타인과 자신에 대한 깊은 이해와 통찰에 이를 수 있다. 구성원들은 이러한 작업에 참여함으로써 삶의 변화를 직접 경험할 수 있으며, 개인적인 이야기를 표현하고 소통하는데 필요한 이론과 기법을 배우고 적용할 수 있게 된다.

둘째, 개인이 이야기를 나눌 때 적용해야 할 방법과 절차에 대한 안내와 실천력이 필요하다. 사람들은 표면적인 이야기만 주고받는데 익숙하며, 개인적인 고민을 꺼내어 나누는 것에 대해서는 긴장과 불안을 느낀다. 독서 모임 리더는 사람들이 편안하게 이야기에 몰입할 수 있는 분위기를 조성해야 함과 동시에, 독서 모임의 진행과 절차를 건강하게 촉진하고 안내하는 심리학적 기반을 갖춘 리더십을 보여 줌으로써, 예상하지 못한 상황을 다룰 준비가 되어 있어야 한다. 구성원들은 잘 준비된 독서 모임을 직접 몸으로 체험함으로써, 모임을 준비하고 진행하는 능력을 개발할 수 있다. 동시에 다른 사람이 자신의 무의식에 들어 있는 이야기를 꺼내어 현재와 연결하고 풀어 가는 작업을 돕는 방법을 배우게 된다.

셋째, 구성원 개인의 감성과 독서 모임 전체의 집단 감성을 동시에 존중하고 통합해야 한다. 인공지능이 인간의 지성을 추월하는 시대에는 인간의 개별적 성취로는 세상의 변화를 따라갈 수 없고 문제를 해결할 수가 없다. 독서 모임에서 집단 지성의 중요성이 강조되는 것이 당연하다. 지금까지 사람들은 집단 지성을 발휘하기 위해서 그룹 토의에 집중함으로써 집단 지성이 발휘되는 모습을 경험하기도 한다. 그러나 그렇다고 해서 개개인의 내면의 불균형이 회복되거나 해결되지는 않는다. 집단 지성으로 사회는 변화되지만 개인들은 여전히 소외되고 희생되고 있다. 집단 지성이 구성원 개개인의 건강한 감성 회복의 기반위에 만들어질 때, 진정으로 개인과 집단의 균형 잡힌 성장이 가능해진다.

'나 읽기'를 먼저 해야 한다

　　세상 읽기를 잘 하기 위해서는 우선 '나 읽기'를 먼저 해야 한다. '나 읽기'란 '지금-여기'에서 내가 느끼는 것과 원하는 것이 무엇인지 인식하고 해석하는 과정을 말한다.

　　'나를 읽는다는 것'은 지금 내가 느끼는 몸의 감각을 인지하고 반응하는 것, 내가 무엇을 먹고 싶은지, 무엇을 하고 싶은지, 무엇을 원하는지 정확하게 아는 것, 기분이 얼마나 좋은지, 얼마나 안 좋은지, 둘 다 있는지 느낄 수 있는 것, 그것이 무엇 때문인지 인과 관계를 파악하고 해석하는 것까지 포함한다. '나 읽기'가 잘 안 되는 때도 종종 있다. 그럴 때는 느끼면 안 되는 자신을 인정해 주고 탐색한다.

　　'나 읽기'를 잘 하는 사람은 상대방과 상호 작용할 때, 표현의 경계를 잘 구분하여 자신을 가장 자신에 가깝게 표현할 수 있다. 반대로 '나 읽기'가 잘 안 되는 경우는, 지금 자신의 욕구와 감정이 무엇 때문인지 찾지 못해 혼란스러워 하거나, 아예 나를 읽기 위한 탐색 과정을 생략하고 전혀 다른 결론을 내린다. 사람들은 자신을 잘 안다고 생각하지만 생각 만큼 잘 알지 못하는 경우가 대부분이다.

'나 읽기' 가 안 되는 경우

"내가 왜 이렇게 불안하지? 그럴 일도 아닌데 내가 왜 이렇게 화가 나지?" 우리는 종종 이런 말을 할 때가 있다. 자신을 정확하게 알아차려 표현해야 하는 상황에서 자기 자신을 읽지 못할 때 원하지 않는 결과를 낳게 된다. 살아 오면서 자신을 숨기지 않고 표현해야 할 때도 있지만, 때로는 자신의 욕구와 감정을 숨기거나 차단해야 할 때도 있다. '나 읽기'가 안 되었을 때 일어날 수 있는 상황은 다음 두 가지로 정리할 수 있다.

첫째, 자기 자신에 대해서 단정지어 결론을 내린다. 나를 읽지 못하면 자신이 무의식 중에 반복하는 패턴이나 행동을 당연한 것으로 여긴다. 자기 주변부터 이부자리 정리, 청소 등 집안일을 하는 것이 괴롭고 힘든 사람은 '난 원래 게으른 사람이야'라고 말한다. 다른 사람보다 버럭 화를 내는 일이 잦은 사람에게 도대체 넌 왜 그러느냐고 하면 "난 원래 화를 잘 못 참아.", "난 원래 화가 많아.", "난 원래 화를 잘 내는 사람이야."라고 한다. 그 외에도 "난 원래 겁이 많아.", "난 원래 소심해.", "난 원래 생각이 많아." 등으로 자신의 모습을 합리화하기도 한다.

'나 읽기'가 안 되는 상황에서 자기 자신을 단정지어 결론 내리는 사례를 몇 가지 들어 보기로 하자.

"난 원래 요리를 못하는 사람이에요."

요리하는 것을 싫어하고 재미없어 했던 하연이 엄마는, 아이 셋을 낳고 살림 경험이 제법 되는데도 요리 실력이 늘기는 커녕 점점 더 흥미를 잃었다. 반찬은 늘 한두 가지였고 남편과 아이들도 큰 불만 없이 받아들였다. 그런데 최근 하연이가 다양한 반찬이 차려진 풍성한 식탁을 요구하면서 엄마와 갈등이 심해졌다. 하연이 엄마는 "나는 원래 음식 만드는 걸 싫어하고 요리 실력도 없는데 어떻게 해요?"며 하소연을 했다.

"난 원래 게으른 사람이에요."

"아침에 일어나면 아무 것도 하기 싫어요. 무기력하게 천정만 보고 있다가 겨우 일어나 아이 유치원 보내고 나면 그냥 힘없이 가만히 있어요. 집안은 엉망이고 집안 청소와 정리 정돈을 하는 게 힘에 부쳐요. 저는 원래 체력이 약해서 조금만 움직여도 쉽게 지치거든요. 다른 집을 가보면 깔끔하게 잘 정리되어 있고 다들 부지런한 것 같은데 난 의욕도 없고 천성이 게으른 사람인 것 같아요."

"난 원래 화가 많은 사람이에요."

"잘 못 참겠어요. 화가 나는걸 어떡해요. 그냥 날 좀 안 건드리면 좋겠어요. 내가 원해서 그런 것도 아니고 난 원래 화가 많은 사람인데 어떻게 하겠어요. 그냥 그런가보다 했으면 좋겠어요."

이렇게 자신에 대해서 결론을 내려 버리면 자신에 대해서 다각적으로 탐구하고 알아가는 과정을 밟을 수 없게 된다. 그것은 자신만의 독서 패턴에 갇혀서 다양한 독서 방법을 만날 기회를 스스로 막는 것과 다름없다. 자기 스스로 변화의 가능성을 차단하고 더 행복할 수 있는 삶의 에너지를 포기하거나 상대방이 자신에게 맞추기를 기대하고 원망하는 것에 삶의 에너지를 사용하게 된다.

둘째, 상대방의 독서 방식을 지적하고 교정하려고 한다. '나 읽기'가 안 되면 당연히 상대방을 읽는 것이 불가능하다. 자신의 욕구와 감정을 알지 못하는데 어떻게 상대방의 욕구와 감정을 읽을 수 있겠는가. 그런 사람은 자신이 보고 느낀 것만 진실인 것처럼 상대에게 강요할 수밖에 없다. 그러니 다른 사람이 세상을 읽고 해석하는 방식이 나와 다르면 이해하기 어렵고, 더 나아가 틀렸다고 지적하고 교정하려고 하거나 침묵한다. 원래 의도는 도와주려는 좋은 마음이었다 할지라도 자기만 맞고 상대방은 틀렸다고 말한다면, 아무리 좋은 의도라 할지라도 '넌 틀렸어'라는 메시지로 전달된다. 결국 독서 능력은 한계에 부딪히고 관계마저 깨어지게 된다.

나를 읽는 방법

'나 읽기'는 세상 읽기를 잘하기 위한 가장 기본적인 단계이며 가장 빠른 방법이다. "한 인간은 작은 우주와 같아서 자연의 이치가 모두 담겨있다."는 말처럼 나를 읽지 못하면서 세상 읽기를 잘할 수는 없다. 물론 매 순간마다 나를 읽고 해석하며 살기란 불가능에 가깝기 때문에, 상황에 따라 읽어야 하고 생략도 하고 시간이 흐른 뒤 나중에 따로 시간을 내어 나를 돌아보아야 할 때도 있다. 그렇다면 나를 읽는다는 것은 무엇일까? 어떤 방법으로 무엇을 어떻게 읽어야 할까?

• 거울에 비친 나의 모습 보기

거울에 비춰진 나의 모습을 통해 나를 읽을 수 있다. 살이 오른 예쁜 얼굴, 수척해진 피곤한 얼굴, 늘어난 주름, 그렁그렁 맺힌 눈물, 흰 머리카락, 처진 어깨, 자신 있는 어깨, 나의 이곳저곳을 비춰서 나를 읽을 수 있도록 해 준다. 거울은 내가 몰랐던 나의 상태를 알게 해 주어 다음 행동을 결정하도록 돕는다.

• 머릿속으로 나의 모습 떠올리기

자신의 모습을 떠올리면 자신의 모습이 안 보이거나 하나만 보이거나 여러 모습이 보인다. 이 세 경우가 모두 자기를 읽도록 도와주는 의미 있는 장면이 될 수 있다. 먼저 자신의 모습이 안 떠오르는 경우에는 현재의 내가 나를 안 보고 싶은 경우이거나, 보아야 할 내가 자신을 현재의 나에게 보여 주고 싶지 않은 경우다. 그럴 수밖에 없는 이유를 찾아보면 자신의 핵심 이슈와 맞닿아 있음을 알게 된다. 하나의 모습만 보이면 그 모습을 구체적으로 탐색하면 되고, 여러 모습이 보이는 경우에는 가장 관심이 가는 모습을 선택해 탐색한 후에 다른 모습들을 보면 된다.

• 타인과의 상호 작용 속에서 나의 마음 찾기

세상은 정반대의 성질을 가진 두 가지가 한 쌍을 이루어 존재한다. 선악, 어둠과 밝음, 좋음과 싫음, 따뜻함과 차가움 등 모든 것이 그렇다. 어떤 것이 얼마나 선하고 얼마나 악한지는 비교 대상이 있어야만 결정되는 상대적인 개념이라 반드시 사람들과의 상호 작용을 통해서 그 정도가 결정된다. 사람들은 나의 내면을 비춰주는 거울이다. 사람들과의 다양한 상호 작용은 우리로 하여금 우리 내면의 욕구와 감정을 알아차리게 해 주고 의미를 찾게 해 준다. 우리가 세상을 혼자 살아간다면 알 수 없었던 것을 관계를 통해 발견하게 되고 어떻게 살아갈 것인지를 정하고 실천한다.

의미는 상대적이며 거울이 되어주는 상대방이 없다면 의미 없는 말들이다. 나를 둘러싼 사람들과의 상호 작용 속에서 나의 욕구와 감정을 알 수 있다. 내가 다니는 직장, 사랑하는 사람, 결혼, 자녀, 교육 방식, 삶의 가치, 목표 등 인생의 모든 것들이 관계 속에서 만들어지고 소멸하고 다시 또 만들어지기를 반복하며 살아간다.

"솔직히 이유 없이 더 마음 가는 자식이 있는 것 같아."
"그냥 이유 없이 좋은 사람 있잖아."
"주는 거 없이 괜히 불편하고 미운 사람이야."

만약 이렇게 결론을 내리고 멈춘다면 의미가 굳어지고 확장이 일어나지 않는다.

"내가 왜 저 사람이 이유 없이 좋을까?"
"난 왜 큰 아이에게만 유독 스킨십이 어려울까?"

이렇게 의문을 가지고 스스로에게 질문을 던질 때 '나 읽기'를 위한 위대한 탐험이 시작된다.

• **그 외 세상에 존재하는 다양한 것들**

책, 음악, 명화, 영화, 자연 등 이 세상에 존재하는 모든 것이 나를 읽을 수 있는 다양한 거울이 된다. 대상에 대해서 느끼는 나의 감정과 생각을 통해서 다시 나를 읽을 수 있다. 추운 겨울이 지나 따뜻한 봄이 오면 예쁜 꽃들의 향연이 곳곳에서 느껴진다. 내가 기분이 좋으면 계절의 변화에 감사하고 그 아름다움이 온 몸으로 느껴진다. 반면, 지금 내가 고통 속에 있을 때는 이런 자연의 신비로움과 아름다움이 눈에 들어 오지 않는다. 새싹이 나고 꽃이 피든 만물이 소생하든 별 의미 없이 느껴진다. 영화도 마찬가지다. 나와 아무런 상관없는 이야기인 것 같은데 눈물이 쏟아지는 영화의 한 장면은, 나 자신이 왜 이렇게 슬퍼하는지 탐색하는 과정을 통해 내 인생의 과거 이야기와 마주하게 되고 나 자신에 대해 깊이 이해하게 된다.

"아! 내가 왜 이 장면에서 슬픔을 느끼는지 이제야 알겠어. 내가 정말 사랑했던 할아버지의 따뜻함이 그리웠기 때문이야."

영화와 나의 상호 작용을 읽지 못한다면 그냥 슬픈 영화니까 눈물이 나는 것이라고 결론을 내리고 넘어가게 될 것이다. 자신에 대한 신비로운 탐험의 기회는 열리지 않은 채 그대로 있게 된다.

• 자신의 독서 패턴을 너머

우리는 자신의 독서 성향과 패턴에 대해서 어느 정도 알고 있으며 그것을 바탕으로 독서에 대한 의미를 만들어 간다. '나 읽기'가 안 되면 이러한 자신의 독서 패턴에 대한 깊은 고민을 할 기회를 만들지 못하고 '난 원래 그런 사람이야'라고 결론 내리거나, 자기만의 독서 방식을 고집하며 자신만의 정답을 만들게 된다.

"난 원래 글이 긴 책은 어려워."
"난 만화책은 몇 권이고 읽겠는데 다른 책은 못 읽겠어."
"난 책만 보면 잠이 와."
"난 그림책이나 만화책을 보는 사람은 한심해 보여."

이렇게 형성된 독서 패턴은 삶의 방향을 바꾸거나 새로운 목표가 생겨서 다른 독서 방법을 시도해야 할 때 어려움에 부딪친다. 만화책만 읽었던 사람이 어려운 전공 서적을 읽어야 한다거나, 전문 서적만 좋아하던 사람이 시시콜콜하게 느껴지는 소설을 읽어야 한다거나, 만화책만 보는 자녀에게 느껴지는 불안함과 화에 대한 감정을 돌아보아야 할 때가 그렇다. '나 읽기'가 안 되는 사람은 독서와 관련된 여러 가지 문제가 생겼을 때, 자신만의 독서 패턴 안에서 읽고 해석하기 때문에 그 해결책도 자신의 독서 패턴을 벗어나지 않고 그 안에서 해결하려고 한다. 그러다보니 같은 문제를 반복하게 되는 것이다.

세상 읽기를 잘하려면 독서를 잘해야 하고, 독서를 잘하려면 자신의 독서 패턴을 너머 통합적인 독서 능력을 길러야 하고, 그러려면 가장 먼저 '나 읽기'를 해야 한다. 사람은 누구나 태어날 때부터 자신만의 독서 패턴을 가지고 있는 것이 아니다. 살면서 경험한 수많은 사건과 이야기를 통해 지금의 패턴을 갖게 된다. 삶의 경험이 지금의 자신을 말해 주는 것이기 때문에 '지금'을 개선하고 변화하려면 반드시 '과거'를 거슬러 탐구하는 과정이 필요하다. 좀 더 나은 미래를 위해 세상의 역사를 보존하고 연구하는 것처럼 한 사람의 삶에서 개인의 역사 또한 매우 중요하기 때문이다.

"난 언제부터 글 긴 책이 어려워졌을까?"
"난 언제부터 만화책만 좋아하게 되었을까?"
"왜 다른 책들을 싫어하게 되었을까?"
"나는 왜 책만 보면 잠이 올까?"
"언제부터 그랬을까? 무슨 일이 있었을까?"
"나는 왜 그림책과 만화책들이 한심하게 보일까?"

이렇게 자신에 대해 고민하고 질문을 던질 때 '나 읽기'가 시작된다.

'나 읽기'의 사례

사례 1. 독서 패턴에 대한 고민

"그림이 없는 책은 읽기 힘들어요."

나는 그림책을 무척 좋아합니다. 원래부터 그림책을 좋아하는 줄 알았어요. 첫 아이를 임신했을 때, 내가 유년시절 읽었던 그림책이 다시 읽고 싶었어요. 전국의 온라인 중고 서점을 뒤져서 어렵게 구입하게 되었어요. 그 순간은 세상을 가진 것처럼 너무 기뻤어요. 다른 사람이 보면 이해하기 어려웠을 거예요. 그 후 아이를 키우면서 그림책을 읽어 주는 것이 즐거웠어요. 다양한 그림책에 대해서도 더 많이 알게 되었어요. 이 경험이 나중에 독서 지도사로 활동하는 데에 큰 도움이 되었어요.

그러나 문제는 전공 공부를 하려고 그림 하나 없이 글자만 있는 책을 보면 피로감이 몰려오고 잠이 왔어요. 이렇게 어려운 것을 왜 보아야 하는지 이해도 안 되고, 이런 공부는 살아가는데 필요 없다는 생각마저 들었어요. 읽으려고 노력을 하면 할수록 더욱 도망치고 싶은 마음이 커졌어요.

나는 내가 무슨 이유로 그림 없는 책을 싫어하고 그림책만 좋아하는지 알고 싶었어요. 언제부터 그림책을 좋아했냐는 질문에 어린 시절이 떠올랐어요. 한 살 아래의 여동생이 미숙아로 태어나 늘 아팠기 때문에 나는 모든 걸 동생에게 양보해야 했어요. 엄마는 아픈 동생을 캥거루처럼 돌봐야 했고 나는 너무 어린 나이에 홀로서기를 해야 했어요. 뭐하나 갖고 싶다는 말도 쉽게 꺼낼 수가 없었어요. 말을 꺼내면 철없는 나쁜 아이로 취급 받고 혼나기 일쑤였어요. 어릴 때 온전한 나만의 크레파스 한 세트를 갖는 것이 소망일 정도였으니까요.

어느 날 그림책 장사가 집에 와서 엄마에게 이런 저런 설명을 하는데 나는 그림책에 첫 눈에 반했어요. 지금도 그림책 속에 푹 빠져 느꼈던 행복한 기분을 잊을 수가 없어요. 그 날 엄마가 사준 그 그림책은 내 인생 최고의 선물이자 행복 그 자체였어요. 엄마에게 외면당하며 외로웠던 나는 그림책이 엄마 대신이었던 거였어요. 그제야 내가 왜 어린 시절의 그 그림책을 다시 찾으려고 했는지 알 수 있었어요.

나는 그림책이 없었다면 세상에 혼자 남겨진 외로움을 계속 느끼며 살았을 거예요. 엄마가 동생을 돌보는 동안 내가 느껴야 했던 외로움과 상실감, 억울함, 속상함 등 수많은 감정들을 다시 찾아서 소통하고 풀어 주면서부터 그림책 이외의 책에 대한 관심이 늘어가기 시작했어요. 그림책만 행복감을 준다는 생각에서 자유로워지고 그림이 없는 책들에 대한 관심이 조금씩 커져 갔어요.

사례 2. 균형심리 독서 프로그램 참여하여 '나 읽기'

[균형심리 독서 프로그램]

* 그림책 : 간식을 먹으러 온 호랑이
* 줄거리 : 어느 날 호랑이가 소피네를 방문합니다. 간식을 먹어도
되냐고 하니 엄마와 소피는 흔쾌히 호랑이가 원하는 대로 간식을
줍니다. 집 안의 먹을 거라곤 모두 먹어버리고 수돗물마저 다 마셔
버립니다. 그리고 아빠가 퇴근하고······
* 진행 : 그림책을 읽고 가장 기억에 남거나 떠오르는 장면을 심리
보자기로 조각해서 표현해 봅니다.

참여자들은 자신이 조각한 작품을 통해 '나 읽기'를 하면서 자신을
탐색하고 이해하며 소통하는 시간을 가졌다. "난 원래 음식을 못해요."
라고 말하던 참여자는, 호랑이가 먹은 다양한 간식들을 미리 준비한
여러 색깔의 보자기를 활용하여 조각을 하였는데, 처음에는 왜 이것을
조각하게 되었는지 자신도 잘 모르겠다고 했다. 그러나 균형심리 독서
프로그램 진행법에 포함된 '나 읽기' 방법을 통해서 자신의 작품과 자
신의 이야기를 연결하여 그 이유를 찾을 수 있었다.

"다양한 음식을 보면 불편한 마음이 들어요. 요즘 큰 아이가 다양

한 음식을 해 달라고 해서 너무 곤란해요. 저는 원래 음식을 못하고 하는 것도 싫거든요."

Q : 언제부터 음식을 싫어하게 되었나요?

A : 어렸을 때, 우리 엄마가 만든 음식이 저한테는 너무 짰어요. 삼킬 수 없어서 뱉어 낼 때면 매를 맞고 혼났기 때문에, 또 혼날까 봐 억지로 먹어야 할 때가 많았어요. 엄마가 만든 음식은 아버지 입맛에 맞춘 거였어요. 제가 막내라 어려서 그랬는지 아무튼 전 너무 힘들었어요. 하루는 엄청나게 짠 음식을 먹었는데 도저히 뱉을 수가 없었어요. 맞을까 봐 무서웠거든요. 저는 눈을 질끈 감고 그 걸 억지로 삼켰어요. 아직도 기억이 생생해요. 정말 떠올리기 싫은 끔찍한 순간이었어요.

그 참여자는 균형심리 독서 프로그램에서 '나 읽기'를 하며 자신이 왜 음식을 싫어하게 되었는지 탐색하고 이해하게 되었다. 그 후 두 번째 '나 읽기'에서 심리적 접근을 통해 싫은 음식을 억지로 삼키며 힘들었던 감정을 좀 더 구체적으로 탐색하고 소통하는 작업을 했다. 그러자 쌓여 있던 감정이 풀리면서 음식을 만드는 것에 대한 부담이 줄어들었고 큰 아이와의 관계도 좋아지게 되었다.

균형심리 독서 프로그램에는 '나 읽기' 과정이 포함되어 있다. 독서를 통해 '나 읽기'를 연습하고 적용함으로써 타인을 읽을 수 있는 독서 능력이 생긴다. 이렇게 할 때, 자신만의 편견을 깨고 세상과 상호 작용하는 독서를 할 수 있게 된다.

| 참고 문헌 |

댄 알랜더, (2006), 『내 마음의 치유』, 규장.

존 브래드쇼, (2002), 『수치심의 치유』, 사단법인 한국기독교상담연구원.

법정, (2004), 『무소유』, 범우사.

한비야, (2005), 『지도 밖으로 행군하라』, 푸른숲.

페르디낭 드 소쉬르, (1913), 『일반 언어학 강의』, 민음사.

이원규, (2010), 『깨어있기, 의식의 대해부』, 히어나우시스템.

이원복, (2000), 『먼 나라 이웃 나라 프랑스』, 김영사.

월터 아이작슨, (2011), 『스티브 잡스』, 민음사.

롤랑 바르트, (1997), 『텍스트의 즐거움』, 동문선.

미셸 푸코, (2009), 『감시와 처벌』, 다락원.

자크 데리다, (2008), 『데리다의 텍스트』, 문학과 지성사.

김성진, (2009), 『조지 소로스』, 살림 출판사.

마사 누스바움, (2015), 『역량의 창조』, 돌베게.

김대식, (2016), 『인간 vs 기계 : 인공지능이란 무엇인가』, 동아시아.

피터 틸, (2014), 『제로 투 원』, 한국경제신문사.

제리 카플란, (2016), 『인간은 필요 없다』, 한스 미디어.

앤절라 더크워스, (2016), 『그릿GRIT』, 비즈니스북스.

독서, 심리학을 만나다

인공지능 시대의 세상 읽기

남상철 、

초판 1쇄 발행일 2018년 6월 13일

지은이 남상철
편집디자인 배우나, 이은숙
교정교열 이은숙
펴낸곳 마음동네
주소 인천시 남구 경원대로 864번길 114, 202-2604
전화 032-429-1934
팩스 032-232-0193
이메일 김명숙 heidinam@naver.com
강연, 심리상담, 독서코칭 및 컨설팅 문의 edwinnam@hanmail.net 010-3236-1934
균형심리독서 연구소 http://balanced-reading.com | maumtown@gmail.com
마음동네 독서 모임 홈페이지 http://maumreading.kr

출판등록 2011년 3월 23일 제 2018-000011호

ISBN 978-89-966405-8-5 03180